새 지폐엔 나를 넣으시오

새 지폐에는 나를 넣으시오

초판 1쇄 발행 2021년 6월 4일
초판 3쇄 발행 2023년 4월 5일

지은이 | 이광희
펴낸곳 | (주)태학사
등록 | 제406-2020-000008호
주소 | 경기도 파주시 광인사길 217
전화 | 031-955-7580
전송 | 031-955-0910
전자우편 | thspub@daum.net
홈페이지 | www.thaehaksa.com

책임편집 | 여미숙
편집 | 김선정 조윤형
디자인 | 김회량 이영아
마케팅 | 김일신
경영지원 | 김영지

값 13,800원
ISBN 979-11-90727-66-2 43910

"주니어태학"은 (주)태학사의 청소년 전문 브랜드입니다.

새 지폐엔 나를 넣으시오

100000

원 짜 리

이광희 지음

독립운동가 중 한 명
누굴 넣어야 할까?

주니어태학

화폐에 독립운동가가 없는 나라

심의위원장(이하 위원장)　　　그럼 지금부터 새 화폐에 들어갈 인물을 뽑는 청문회를 시작하겠습니다. 대한민국은 세계 10대 경제 대국에 들어갈 정도로 경제 규모가 커졌습니다. 이에 맞게 10만 원권 지폐를 만들어야 한다는 제안이 꾸준히 있었습니다. 아울러 어떤 인물을 그 주인공으로 삼을지도 활발히 논의되었지요. 그리고 마침내 대한민국의 정체성을 드러내고, 우리 국민 모두가 자랑스럽게 생각하는 인물이어야 한다는 공감대가 형성되었습니다.

　헌법 전문에도 나와 있듯이 대한민국은 3·1운동으로 세운 대한민국 임시정부의 법통을 이어받은 나라입니다. 그러므로 새 화폐의 인물 역시 대한민국의 정체성에 부합해야 할 것입니다. 그런데 현재 통용되는 화폐 인물은 세종대왕, 이황, 이이, 신사임당, 이순신처럼 모두 조선 시대 인물이죠. 훌륭한 분들이긴 하나 대한민국의 정체성을 나타내는 데는 한계가 있다는 비판이 제기돼 왔습니다.

미국, 터키, 인도, 멕시코, 베트남 화폐 등에는 독립운동가나 건국에 기여한 인물이 들어가 있습니다. 그런데 왜 그동안 우리 화폐에는 그런 분들이 없었던 걸까요? 그나마 지금이라도 이런 분들을 화폐에 넣어야 한다는 공감대가 형성돼 다행입니다.

하지만 우리 사회에 만연한 이념 갈등 탓에 누구로 선정할지 혼란스러운 상황입니다. 이에 각계각층의 의견을 수렴해 여덟 명을 후보로 추렸고, 화폐 인물 선정 심의 회의를 열어 한 분을 뽑으려고 합니다.

참고로 오늘 회의는 라이브 방송이고 마지막 단계에서는 국민 여러분도 투표에 참여하실 수 있습니다. 끝까지 보시고 소중한 의견 보내 주시면 고맙겠습니다. 그럼 회의 시작하겠습니다.

죽어서도
독립을 위해
힘쓸
것이다

독립운동의 불을 지핀

안중근

안중근은 일제에 정면으로 맞섰습니다.
그 때문에 조선 사람들에게는
독립에 대한 열망을 불러일으켰고,
일본인들에게는 뜨악, 이거 뭐지,
함부로 들어가면 안 되겠구나, 이런
두려움을 품게 만들었죠.

위원장 먼저 심의 절차에 대해 한 말씀 드리겠습니다. 사안이 매우 중대한 만큼 본 회의는 1박 2일 동안 쉼 없이 진행될 예정입니다. 심의위원 여덟 분이 차례대로 발표한 후 위원님들 의견과 국민 여러분 의견을 50 대 50으로 반영하려고 하니 온라인 투표에도 적극 참여해 주시기를 부탁드립니다.

　모쪼록 본 회의가 원활히 진행돼 우리나라를 대표하는 독립운동가가 새 화폐 인물로 선정되기를 바랍니다. 신속한 진행을 위해 본 위원장은 심의위원 여러분의 발표에 가급적 개입을 하지 않을 생각입니다. 그럼, 첫 번째 위원님부터 발표해 주시죠.

심의위원(이하 위원) 존경하는 위원장님과 동료 위원 여러분 그리고 본 회의를 지켜보고 계시는 5천만 국민과 1천만 해외 동포 여러분, 첫 번째 발표를 맡은 제1 심의위원입니다. 저는 지금 한국 독립운동 역

사상 가장 높은 곳에서 가장 밝게 빛나는 별 하나를 소개해 드리고
자 이 자리에 섰습니다. 바로 안중근입니다.

추천 인물	**도마 안중근**
출생과 사망	**1879년 황해도 해주 출생~1910년 뤼순 감옥에서 순국**
주요 활약	**1909년 10월 26일 하얼빈 역에서 이토 히로부미 사살**

안중근을 왜 반드시 새 화폐 인물로 선정해야 하는지 말씀드리
기 전에 먼저 제가 준비한 책 한 권을 잠깐 소개해 드릴까 합니다.
아주 먼 옛날부터 전설의 싸움꾼들 사이에서 비밀리에 전해 내려온
책입니다. 바로 《싸움의 기술》이죠. 그 책에 '싸움의 10대 원칙'이
나오는데, 그중 제1 원칙이 뭔지 아십니까? '선빵을 날려라'입니다.

위원장　위원님, 잠시만요. 앞서 제가 가급적이면 위원님들 발표가
끝날 때까지 개입을 하지 않겠다고 말씀을 드렸는데, 하도 어처구
니가 없어서 한 말씀 드리겠습니다. 우리는 지금 역사적 사명을 띠
고 화폐 인물 선정 심의 회의를 열고 있습니다. 이 엄중한 자리에서
별 관련 없는 책을 소개하거나 비속어를 사용하는 건 적절치 않아
보입니다. 자제해 주시기 바랍니다. 계속하시죠.

위원　알겠습니다. 딱 한 말씀 더 드리고 책 얘기는 안 하겠습니
다. 그 책에서 선제공격을 제1 원칙으로 제시한 이유가 뭘까요? 선

빵, 즉 싸움에서는 선제공격을 해서 기선을 제압하는 것이 가장 중요하다는 사실을 강조하기 위해서겠죠.

독립운동에서도 가장 중요한 것이 선제공격입니다. 선제공격을 해서 적을 혼돈에 빠지게 함으로써 침략 야욕을 무력화하는 게 중요하죠. 그 임무를 수행했던 독립운동가가 바로 안중근입니다. 안중근은 한국 침략의 주범인 이토 히로부미에게 선빵을 날려 한국을 집어삼키려는 일제를 충격에 빠트린 겁니다.

위원장 위원님! 적당히 좀 하세요. 선빵인지 누운 빵인지, 빵 얘긴 좀 그만하시고 왜 안중근이 적합한 인물인지 판단할 수 있게 그분이 대표적으로 어떤 활약을 펼쳤는지, 그 활약이 독립운동에 어떤 영향을 미쳤는지 그 부분을 말씀해 주세요.

위원 알겠습니다. 저의 '선빵'에 많이 당황하신 거 같은데요, 진짜 시작하겠습니다.

위원장 (아무 말 없이 황당한 표정)

침략의 원흉, 이토 히로부미 저격

1909년 10월 26일 오전 9시. 이토 히로부미를 태운 러시아 특별열차가 만주 하얼빈 역 플랫폼으로 위풍당당하게 들어오고 있었습니다. 일본인들은 초대 총리를 지낸 거물급 인사이자 동양 최고의 정치가로 불리는 이토를 향해 일장기를 흔들며 환호했습니다. 그 인파 속에 서른한 살의 한국인 청년이 있었습니다. 그의 이름이 안중근이었죠.

안중근은 이토 히로부미를 애타게 기다렸습니다. 일본 근대화의 영웅으로 불리는 그를 존경해서일까요? 아닙니다. 너무너무 싫어했기 때문이었죠. 그런 그를 보기 위해 안중근이 하얼빈 역에 온 데는 다 그만한 이유가 있었습니다.

1905년 일제가 대한제국 황제 고종과 정부 대신들을 협박해 강제로 을사조약을 맺어 한국의 외교권을 빼앗은 사실을 아실 겁니다. 그 조약을 체결한 장본인이 바로 이토 히로부미이기 때문이죠.

을사조약 체결 이후 이토 히로부미는 일제가 한국의 내정을 간섭하기 위해 만든 통감부의 초대 통감으로 부임했습니다. 이토는 1907년 우리의 사법권과 경찰권을 빼앗고, 을사조약의 부당함을 전 세계에 알리고자 네덜란드 헤이그에 특사 파견한 것을 빌미로 고종을 황제 자리에서 강제로 끌어내렸습니다.

그리고 한일신협약*을 체결해 대한제국의 군대마저 해산시켜 버립니다. 우리 군인들은 이에 맞서 서울 남대문 근방에서 일본 군인들과 시가전을 벌이죠. 이날 잠시 일이 있어 한성(서울의 전 이름)에 머물던 안중근이 이 처절한 광경을 목도합니다. 안중근은 일본군

총탄에 쓰러진 우리 군인들을 들쳐 업고 병원으로 내달렸습니다. 그러면서 일생일대의 큰 다짐을 하죠.

'이토 히로부미를 반드시 내 손으로 처단하고 말겠다!'

고향으로 돌아온 안중근은 두만강을 건너 러시아 땅 블라디보스토크로 갔습니다. 그리고 그곳에서 의병을 모집해 활동을 벌입니다. 그러다 이토 히로부미가 하얼빈에 온다는 소식을 듣습니다. 안중근은 전율했습니다. '마침내 하늘이 나에게 이토를 처단할 기회를 주셨구나' 하면서요.

그 몇 달 전 안중근은 동지들과 왼손 약지의 첫 마디를 자르는 단지동맹(斷指同盟)을 맺었습니다. 이토 히로부미를 처단하겠다는 각오도 다졌지요. 그날 안중근은 손가락에서 흘러내리는 붉은 피로 '대한 독립' 네 글자를 썼습니다. 그 몇 달 뒤 운명처럼 이토를 처단할 절호의 기회를 얻은 것입니다.

이제 안중근은 목표물을 향해 치밀하고 과감하게 한 발짝씩 다가갔습니다. 친한 친구에게도 비밀에 부치고 우덕순,

한일신협약
일제가 대한제국의 국권을 빼앗기 위해 체결한 거의 마무리 단계의 조약. 1907년 7월 24일 이완용과 이토 히로부미가 체결했다. 정미년에 이뤄져 정미7조약(丁未七條約)이라고도 한다. 조약은 7개 항으로 이루어져 있는데 통감이 법령 제정, 관리 임명 등 거의 모든 영역에서 전권을 쥐도록 한 것이 핵심이다. 일제는 조약의 후속 조치로 경찰권을 넘겨받았고, 경비 절감을 이유로 대한제국 군대도 해산시켰다.

독립운동에 불을 지핀 _ 안중근

LA TRIBUNA illustrata

L'INCORONAZIONE DI FTSACK, NUOVO IMPERATORE DI COREA

고종이 강제 퇴위당하는 모습이 실린 1907년 8월 4일 자 이탈리아 주간지 《라 트리부나 일러스트라타La Tribuna illustrata》. 헤이그 밀사 파견 사건을 기화로 일제는 고종에게 황제 자리에서 내려올 것을 강요했다. 고종은 끝까지 저항했으나 1907년 7월 20일 9시, 일제는 양위식을 거행했다. 물러나는 고종과 새로 즉위하는 순종 모두 참석하지 않고 내시가 양위식을 대신 치렀다. 그럼에도 일제는 양위식을 세계 각국에 알려 고종의 퇴위를 기정사실화했다.

고종의 퇴위 소식이 전해지자 대한제국의 군인들은 시위하는 군중과 함께 일본 경찰서와 상점을 습격했다. 식민지 조선의 군인들로만 여겼던 일제는 깜짝 놀라 전국 주요 지역에 군대를 배치하고, 추가로 인천에 구축함 3척을 정박시키는 등 대한제국의 군대 해산을 위한 사전 준비를 완료했다. 그리고 1907년 8월 1일 군대 해산식을 거행했다. 물론 군대 해산식을 거짓으로 알려 대한제국 군인들은 영문도 모른 채 참석했으며, 뒤늦게 이를 깨달은 군인들은 무력 저항을 시작했다. 저항이 일본군의 진압 작전으로 무산된 후에도 남은 군인들은 의병 활동을 이어 갔다. 사진은 그 무렵 프랑스 신문 〈르 프티 주르날Le Petit Journal〉에 실린 남대문에서의 일제와 대한제국군 전투 모습.

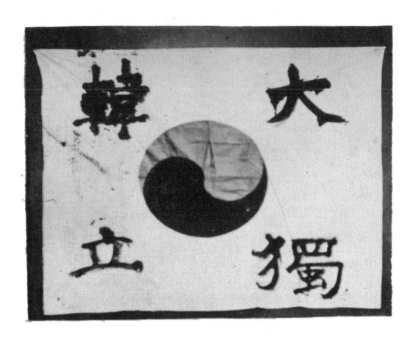

안중근은 이토 히로부미를 처단한 후 열린 재판에서 단지동맹원은 자신을 포함해 김기룡, 강기순, 정원주, 박봉석, 유치홍, 조순응, 황병길, 백남규, 김백춘, 김천화, 강계찬 12명이라고 밝혔다. 그러나 다른 자료들에는 엄인섭, 백원보, 한종호 등도 단지동맹원으로 돼 있다.

조도선 두 동지에게만 거사 계획을 밝혔습니다. 두 사람은 안중근과 함께하기로 합니다. 안중근은 실패를 대비해 자신은 하얼빈 역에서 기회를 엿보기로 하고, 두 동지는 하얼빈 전 역으로 보냈습니다. 그리고 서로 약속했습니다. "준비된 사람이 쏜다!"

운명의 10월 26일. 이토 히로부미는 중국 청나라 땅인 만주를 러시아와 갈라 먹기 위해, 그리고 조선을 강제 병합하는 문제를 러시

새 지폐에는 나를 넣으시오

아와 최종 협의하기 위해 기차에 몸을 실은 채 하얼빈 역으로 달려오고 있었습니다. 그 기차는 두 동지가 대기하고 있던 역을 지나쳐 하얼빈 역으로 향했습니다. 오전 9시. 마침내 기차가 도착했습니다!

찻집에서 차를 마시고 있던 안중근은 플랫폼으로 들어오는 기차를 보며 슬며시 자리에서 일어났습니다. 그의 품속에는 반자동 브라우닝 권총이 들어 있었죠. 안중근은 권총을 한 번 만져 보고 플랫폼으로 들어갔습니다. 러시아 재무 장관과 회담을 마친 이토 히로부미가 기차에서 내려섰습니다.

한 발짝 한 발짝, 상극인 두 사람은 N극과 S극이 끌리듯 점점 가까워지고 있었습니다. 러시아 경비병 뒤에서 기회를 엿보던 안중근이 이토를 향해 권총을 발사했습니다.

"탕, 탕, 탕!"

이토는 쓰러지고, 안중근은 "코레야 우라(대한민국 만세), 코레야 우라"를 외치다 체포됐습니다. 현지 시각 9시 30분이었습니다.

독립운동의 도화선

위원장 아, 흥미진진한 발포, 아니 발표였습니다. 안중근이 이토를 조선 침략의 원흉으로 지목해 사살했다는 말씀이죠? 일본이 조선을 식민지로 집어삼키려 할 때 그 야욕에 철퇴를 가한 인물이라는 거, 맞나요?

위원 그렇습니다. 안중근은 일제에 정면으로 맞섰습니다. 그 때문에 조선 사람들에게는 독립에 대한 열망을 불러일으켰고, 일본인들에게는 뜨악, 이거 뭐지, 함부로 들어가면 안 되겠구나, 이런 두려움을 품게 만들었죠.

위원장 그런데 제가 한 가지 확인하고 싶은 게 있습니다. 이토가 죽고 열 달 뒤 일본이 한국을 강제로 병합했죠? 그래서 어떤 사람들은 안중근이 이토를 처단한 것에 격분해 일본이 병합을 서둘렀다는 얘기도 하는데, 어떻습니까?

위원 그건 그렇지 않습니다. 일본 정부는 안중근 의거가 있기 몇 달 전 이미 한국을 강제로 병합한다는 방침을 세워 놓은 상태였습니다. 그러니까 안중근이 이토를 사살한 것 때문에 병합을 서둘렀다는 건 앞뒤가 맞지 않는 얘깁니다. 다만, 안중근의 의거가 강제 병합을 막지 못한 건 사실입니다. 안중근 자신도 그 점을 잘 알고 있었습니다. 감옥에서 안중근은 면회를 온 천주교 신부와 두 동생에게 "나 하나의 힘으로 역사의 흐름을 바꾸지 못할 거라는 걸 안다. 그러나 내 의거가 한국 동포에게 애국심과 독립정신을 일깨워 많은 젊은이가 독립운동에 나서는 계기가 되기를 바란다"고 말했으니까요.

일제가 대한제국을 장악해 가자 안중근은 정면으로 맞섰다. 그를 보며 많은 이가 용기를 내 독립운동에 투신했다. 그림은 일본 신문에 게재된, 이토 히로부미 저격 직후 체포되는 안중근.

실제로 안중근의 거사 이후 무기력한 나라를 보며 낙담하고 있던 한국인들이 독립에 대한 희망을 품게 되었고 유관순, 윤봉길, 이봉창 등 수많은 젊은이가 독립운동에 목숨을 바쳤습니다. 그들이 공통적으로 품은 생각이 바로 '안중근처럼!'이었답니다. 이것이 안중근을 독립운동의 정신적 지주라고 칭송하는 이유입니다. 그러므로 안중근이 10만 원권 새 화폐의 주인공이 돼야 한다고 강력히 주장하는 바입니다. 그러면 한국으로 여행 온 일본 사람들이 자연히 안중근에 대해 알고, 우리를 침략한 자신들의 역사도 반성하게 되지 않겠습니까?

위원장 그럴까요? 안중근의 활약상과 독립운동에 미친 영향에 대해 잘 들었습니다. 그런데 이 정도 내용만 갖고서는 아무래도 판단이 쉽지는 않을 것 같은데, 어떤가요?

위원 대단히 적절한 지적입니다. 그럴 줄 알고 제가 〈이 사람이 궁금하다!〉를 준비했습니다. 안중근의 삶에서 이토 히로부미 처단이 얼마나 중요한 사건이었는지 살펴보는 시간을 마련했습니다. 함께 보시죠.

새 지폐에는 나를 넣으시오

불의를 못 참는 아이

이 사람이
궁금하다!

안중근은 1879년 황해도 해주에서 태어났다.
태어날 때 배와 가슴에 점 일곱 개가 있어 어릴 때 이름은 안응칠이었다.
무관 집안이었고 안중근도 이런 기질을 이어받아
어릴 때부터 활 쏘고 말 타기에 재능을 보였다.

역사가 박은식은 어린 안중근을 이렇게 평했다.

"담력이 뛰어나고 불의를 보면 못 참는 성격이었다."

한때 안중근 집에 머물며 그를 지켜본
김구는 《백범일지》에서 이렇게 증언했다.

"사격 솜씨가 무리들 중 가장 뛰어났다."

저보다는
중근 형의 사격 솜씨가
탁월합니다.

아버지 안태훈과 동생 정근, 공근

아, 나의 조국

1900년대 초 대한제국은 일제의 침탈을 받아 스러져 가고 있었다.

이십대 청년 안중근은 어떻게 하면
이런 나라를 일으켜 세울까를 고민했다.

그러다 1905년 일제가 강제로 을사조약을 체결해 우리의 외교권을 빼앗자
삼흥학교와 돈의학교를 세워 교육 운동에 나선다. 국권 회복에 교육만큼
중요한 것이 없다고 생각했기 때문이다.

하지만 1907년에 일제가 고종을 퇴위시키고 우리 군대마저 강제로
해산시키는 만행을 목도한 뒤로 교육 운동으로는 일제를 물리칠 수 없다고
판단한다. 러시아의 블라디보스토크로 망명해 의병 투쟁을 벌인다.

일본군을 놓아주다니!

그 무렵 안중근은 큰 실수를 저지르고 만다.
안중근이 이끄는 의병부대가 두만강을 건너 국내로 진공한 적이 있다.
이때 일본군과 전투를 벌였고, 여러 명의 포로를 잡았다.
그런데 퇴각하면서 이들을 국제법에 따라 석방한 것이다.
심지어 총까지 들려서 말이다.

부대로 돌아간 일본군은 안중근 부대의 위치를 알렸고,
이로 인해 안중근 부대원 수십 명이 목숨을 잃고
몇 날 며칠을 쫓겨 다녀야 했다.

이 사건으로 안중근은 부대원들의 비난을 듣는다.
의병 투쟁도 이어 가기 어렵게 된다.

안중근은 이런 상황에 놓이게 한,
한국 침략의 주범인 이토 히로부미를
제거하기로 결심하고, 동지들을 규합해 단지동맹을 맺는다.

그리고 몇 달 후인 1909년 10월 26일,
그 다짐을 실행에 옮긴다.

뤼순 법정. (맨 앞줄 왼쪽부터)
유동하, 조도선, 우덕순, 안중근.

테러리스트? 평화주의자?

이토 히로부미를 왜 쏘았냐는 재판관의 질문에
안중근은 명성황후를 살해한 죄, 을사조약을 강제로 체결해
우리의 외교권을 빼앗은 죄,
고종을 강제 퇴위시키고 군대를 해산시킨 죄,
죄 없는 한국인을 죽인 죄 그리고 동양 평화를 파괴한 죄 등
모두 열다섯 가지를 들었다.

여기서 주목할 것이 바로 '동양 평화를 파괴한 죄'다.
안중근은 독실한 가톨릭 신자로 평화주의자였다.
이런 그에게 이토는 한국과 중국, 일본
세 나라의 평화를 파괴하고 유린한
타도 대상이었던 것이다!

안중근에게
이토 히로부미는 '동양의
평화'를 파괴한 자이기도
했다.

이토 히로부미는 안중근에게 사살된 뒤 일본 도쿄로 운구되었고,
이토의 장례식은 일본 최초의 국장으로 치러졌다.

"한중일이 합심해 평화를 지키자!"

안중근 사상의 정수를 보여 주는 《동양평화론》

안중근의 궁극적인 바람은 《동양평화론》에 잘 담겨 있는데, 핵심 내용은 이렇다.

한국과 중국, 일본의 평화를 위해 일본이 차지하고 있는
뤼순 항을 중국에 돌려주고 그곳을 세 나라의 평화 지대로
만들자! 한중일 세 나라가 공동 은행을 설립하고
공동 화폐를 발행하자! 세 나라의 공동 군대를 만들어
동양의 평화를 지켜 내자!

안중근은 밀려오는 서양 세력에 맞서 한중일이 합심해
평화를 지켜 내자고 주창했다.

당연히 일제는 격노했고,
그래선지 집필을 다 마치기도 전에 사형을 집행했다.
《동양평화론》은 미완성 유고로 남았다.

나는 암살자가 아니라 '포로'다

안중근은 재판장에게 말했다.
"내가 이토를 저격한 것은 암살 행위가 아니오.
전쟁 중에 의병 참모중장으로서 행한 일이외다.
그러니 나를 국제법에 따라 포로로 대우해 주시오."

물론 일본 재판부가 받아들일 리 없다.

안중근은 사형을 선고받고, 두 동생에게 유언을 남긴다.
"내가 죽은 뒤에 내 뼈를 하얼빈 공원 곁에 묻어 두었다가 우리 국권이 회복되거든
고국으로 옮겨 다오. 나는 천국에 가서도 우리의 독립을 위해 힘쓸 것이다. 대한 독립의
소리가 천국에 들려오면 나는 춤추며 만세를 부를 것이다."

안중근은 자신의 죽음이 많은 젊은이가 독립운동에 나서는 계기가 되기를 바랐는데
그렇게 되었다. 사진은 홍석구 신부와 동생들에게 유언하는 안중근.

"너의 죽음은 너의 것이 아니다"

조 마리아 여사는 안중근이 사형 선고를 받자 다음과 같은 편지를 보냈다.

"네가 만약 늙은 어미보다 먼저 죽는 것을 불효라
생각한다면, 이 어미는 웃음거리가 될 것이다.
너의 죽음은 너 한 사람의 것이 아니라 조선인 전체의
공분을 짊어지고 있는 것이다. 네가 항소를 한다면
그것은 일제에 목숨을 구걸하는 것이다. 네가
나라를 위해 이에 이른즉 딴마음 먹지 말고
죽으라. 옳은 일을 하고 받는 형이니 비겁하게
삶을 구하지 말고, 대의에 죽는 것이 어미에 대한
효도이다."

안중근의 어머니 조 마리아

안중근이 이토 히로부미를 저격한 하얼빈 역.
'안중근이 이토 히로부미를 사살한 사건 발생지'라는 글 아래에 사건이 발생한 날도 기록돼 있다.
그만큼 안중근 의거는 한국뿐 아니라 중국에서도 역사적 의미가 크다.

남북 모두에서 존경받는 독립운동가

위원장　발표 잘 들었습니다. 한 가지 짚어 볼 게 있을 거 같군요. 안 중근을 화폐에 넣으면 일본 관광객들이 우리 지폐를 보면서 안중근 에 대해, 일제의 만행에 대해 아는 계기가 될 수도 있겠다고 하셨는 데, 제가 우려하는 게 바로 그 점입니다.

위원　어떤 점이 우려된다는 말씀이시죠?

위원장　안중근이 우리에게는 침략의 원흉을 처단한 영웅이지만, 일본인들에게는 총리를 지낼 만큼 존경받는 인물을 죽인 사람 아닙 니까? 그런 사람을 최고가 화폐에 넣는다면 일본인들이 반발하지 않을까요? 가뜩이나 요즘처럼 두 나라 사이가 안 좋은 시기에는 더 그렇지 않을까요?

위원　일리가 아주 없진 않지만 그런 염려 때문이라면 구더기 무 서워서 장 못 담그는 꼴이 되겠죠. 그리고 그런 논리라면 일본에서 도 이토 같은 인물을 화폐에 넣으면 안 되는 거 아닌가요? 지금은 사용하고 있지 않지만 일본은 이미 오래전에 1천 엔 화폐에 이토를 넣은 적이 있습니다.

위원장　아니 이 신성한 청문회장에서 무슨 구더기 같은 소릴 하고 계십니까?

위원　생각해 보십시오. 오늘 후보에 오른 독립운동가 중에 일본

이토 히로부미가 들어간 일본 화폐

이 좋아할 만한 사람이 한 사람이라도 있을까요? 없겠죠. 또한 우리가 일본 눈치 보며 화폐에 들어갈 독립운동가를 선정할 필요가 있을까요? 우리가 정하면 될 일입니다. 그리고 일본 사람 모두가 안중근을 비난하는 것도 아닙니다. 뤼순 감옥에서 안중근이 죽기 전까지 지켜본 일본인 간수는 안중근의 담담함과 당당함에 반해 일본으로 돌아간 뒤 자기 집에 안중근 위패를 모시고 매일 제사를 지냈다고 합니다. 일본에도 인물을 알아보는 사람이 있다는 뜻이죠. 그리고 안중근을 선정해야 하는 또 다른 중요한 이유가 있습니다.

위원장 또 있다고요? 그게 뭔가요?

위원 남북 분단 때문에 우리나라에선 아직도 이념이 큰 아킬레스건이 될 때가 많습니다. 그런데 안중근은 이념 논쟁에서 자유로운 인물입니다. 보수든 진보든 반대할 염려가 없죠. 대한민국에서 안중근에 대해 뭐라 할 사람이 있겠습니까? 북한도 뭐라 하지 않을 겁니다. 북한도 안중근만큼은 치켜세우니까요. 이상입니다.

새 지폐에는 나를 넣으시오

통일이 먼저,
이념은
그 다음에

이념보다 민족을 우선시한

여운형

여운형은 파리평화회의 참석이 불투명한데도
우리 대표를 파리에 보내 조선의 독립 의지를
전 세계에 알렸습니다. 만약에 '에이, 한국은
해당 안 되니까 가만히 있어야겠다' 하고
말았다면 어땠을까요? 3·1운동 같은 거대한
물결이 일어났을까요?

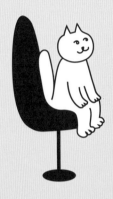

위원장 발표 잘 들었습니다. 안중근 의사로 선정했으면 좋겠다는 생각이 절로 드는군요. 더 자세한 건 후보분들에 대한 청문이 모두 끝난 뒤에 듣기로 하고, 바로 다음 인물로 넘어가겠습니다. 두 번째 위원님이 추천할 분은 누구신가요?

위원 존경하는 위원장님, 혹시 조선 시대 역사에서 가장 의미 있는 사건이 뭐라고 생각하십니까?

위원장 글쎄요…, 임진왜란?

위원 (흐흠) 많은 역사학자가 한글 창제를 꼽습니다. 심지어 5천 년 우리 역사에서도 가장 역사적인 사건이라 말하기도 합니다. 그렇다면 독립운동사에서 가장 의미 있는 사건은 뭐라고 생각하시는지요?

위원장 저기, 위원님. 제 청문회 하는 자리가 아닙니다. 그 점 유념

이념보다 민족을 우선시한 _ 여운형

하시고, 추천하실 분이 누군지 빨리 말씀해 주세요.

위원 아, 네. 저는 여운형을 추천합니다. 젊은 시절 상하이 임시정부에 몸담았으며, 일본 경찰에 의해 국내로 압송돼 옥고를 치렀고, 일제의 감시와 탄압 속에서도 독립운동을 멈추지 않은 불굴의 혁명가이자 해방 이후 분단을 극복하고 통일정부를 세우려다 암살당한 비운의 정치가입니다.

추천 인물   몽양(夢陽) 여운형

출생과 사망   1886년 경기도 양평 출생~1947년 혜화동 로터리에서 피살

주요 활약   3·1운동의 물꼬를 트고, 건국 준비에 앞장섬

위원장 여운형이라고요? 안중근이나 김구, 이승만에 비해 조금 낯선 이름인데, 여운형으로 선정해야 하는 이유가 뭔가요?

위원 위원장님, 예부터 동양에서 인물을 뽑을 때 네 가지 조건을 봤다고 하는데, 그게 뭔지 아십니까?

위원장 위원님, 저한테 질문하지 말라고 말씀드렸는데 왜 자꾸 이러는 겁니까? 질문은 제가 합니다.

위원 알겠습니다. 예부터 동양에서는 인물을 뽑을 때 신언서판(身言書判) 즉 얼굴, 언변, 글씨, 판단력 네 가지를 봤다고 합니다. 단군 이래 이 조건을 다 갖춘 인물을 찾기 어려운데, 여운형은 모두 갖

쳤습니다. 청년들의 가슴에 활활 불을 질러 놓는 웅변 솜씨, 빼어난 글씨와 문장, 일본의 패망을 누구보다 먼저 예견해 건국 준비에 나섰던 판단력 그리고 얼굴 얘기 해서 좀 그렇습니다만, 준수한 외모까지 갖추었지요. 새 화폐에 들어갈 인물로 이보다 더 적당한 인물은 없을 겁니다.

위원장 아, 네. 신속히 인물을 정해야 하는 상황이니 바로 본론으로 들어가 주시면 감사하겠습니다.

위원 네, 그럼 시작하겠습니다. 안중근, 정말 훌륭합니다. 한국 침략의 원흉인 이토 히로부미를 사살해 한국인의 독립 의지를 세계 만방에 알린 인물이니까요. 하지만 독립이 한 사람의 의거로만 가능할까요? 일본 사람 하나 죽인다고 해서 이뤄질까요? 저는 아니라고 봅니다.

독립을 이루려면 우리 민족이 전부 들고일어나 저항해야 합니다. 그런 의미에서 200만 조선 민중이 일제에 항거한 3·1운동이야말로 우리 독립운동사에서 가장 빛나는 성과라고 저는 생각합니다. 독립운동을 3·1운동 이전과 이후로 나눌 정도니까요. 이런 3·1운동을 기획한 사람이 바로 여운형입니다.

이념보다 민족을 우선시한 _ 여운형

3·1운동 기획자

1919년 3월 1일 정오. 서울 탑골공원에 모인 수천 명의 조선인이 두 팔을 번쩍 들어 올리며 "대한 독립 만세!"를 외쳤습니다. 이 외침은 전국 방방곡곡을 넘어 압록강, 두만강을 건너 간도 땅으로, 현해탄 넘어 일본으로, 태평양 건너 미국으로까지 휘몰아치며 3·1운동이라는 거대한 물줄기를 만들어 냈습니다. 이 발원지가 바로 중국 상하이에서 독립운동을 벌이던 여운형과 신한청년당 당원들입니다. 더 근본적으로는 여운형이었습니다. 그의 독립에 대한 열망과 불굴의 의지가 역사의 흐름을 바꾸어 놓은 것이지요.

여운형은 1910년 일제에 나라를 빼앗기자 중국과 러시아로 떠난 수많은 독립운동가 중 한 명이었습니다. 여운형은 중국으로 향했습니다. 난징의 금릉대학교에서 영문과를 졸업한 뒤 상하이로 가서 교회 전도사로 일하며 독립운동을 모색했습니다.

그러던 1918년 11월, 놀라운 소식을 듣습니다. 미국 대통령 우드로 윌슨의 특사인 찰스 크레인이 상하이에서 민족자결주의에 대한 강연을 한다는 것이었죠. 민족자결주의란 윌슨 미국 대통령이 주창한 것으로, 식민지 국가들이 자신의 의지대로 독립을 할 수 있고, 그것을 미국이 지지한다는 내용입니다.

강연을 들은 후 여운형은 크레인에게 요청합니다.

"당신의 친구인 대통령 윌슨에게 조선의 독립을 호소하는 편지를 전해 주십시오."

흔쾌히 수락한 크레인이 한 가지 놀라운 소식을 알려 주었습니다.

"지금 파리에서 1차 대전에서 승리한 연합국이 모여 식민지 국가들의 독립에 관해 논의하고 있습니다. 한국도 파리평화회의*에 대표를 파견해 독립을 호소하는 게 어떻겠습니까?"

여운형은 두 눈이 번쩍 뜨였습니다.

'동지들을 불러 모아서 대표 파견 문제를 상의해 봐야겠군!'

여운형이 동지들을 둘러보며 말했습니다.

"파리평화회의에 조선 대표를 파견하려면 개인 자격이 아니라 단체 이름으로 가는 게 좋겠소."

그날 여운형의 제안으로 한국 근대 정당의 효시인 신한청년당이 발족합니다. 여운형은 톈진에 있는 김규식을 상하이로 불러들였고, 그를 파리평화회의에 대표로 파견합니다. 왜 김규식이었을까요. 김규식은 서재필과 언더우드의 지원을 받아 미국 로노크 대학교, 프린스턴 대학교 대학원에서 공부하고 귀국한 후 중국과 국내에서 독립운동에 투신해 활동하던 인물이죠. 독립 의지가

파리평화회의 ▬▬▬▬▬▬
1919년부터 20년까지 1차 대전의 뒤처리를 위해 영국, 프랑스, 미국 등 승전국들이 파리에서 개최한 평화회의. 이 회의에서 패전국의 식민지 처리 문제, 국제연맹 발족, 독일의 전쟁 재발 방지 방안 등이 논의되었다. 회의 결과 20년에 국제연맹이 발족했고, 패전국 독일은 알자스-로렌 지방을 프랑스에 넘겨주고, 막대한 배상금도 물게 되었다.

이념보다 민족을 우선시한_여운형

places at Washington statesmen engaged in outright corrupt practices, such as the blind Senator's speech implied.

Reforms are needed, and an awakened people are determined to bring them about. But rash speech and the methods of the muck-raker do no permanent good to any honest cause.

Good-by, Korea!

Necessity knows no law, and the axiom is as true for nations as individuals. That is the reason for the announcement that at last Japan is ready formally to annex Korea, and that as an independent kingdom the latter passes out of existence forever. There is no one to protest. The people of the Hermit Kingdom are powerless to resist; Japan is established firmly on the Korean peninsula, and, to use a popular expression, it is all over but the shouting.

There is sure to be some sentimental regret expressed over the passing away of Korea's independence. There will be on the part of those who know something at first hand of the results of Japanese occupation of Korea some doubts as to whether the rule of the conqueror will be better than what has existed heretofore. But the step the Japanese are taking was inevitable from the first. It became the logical step when dispute about Japan's rights and obligations in Korea brought about war with China. It became inevitable when Korea was the bone of contention that brought about war with Russia.

there may appear to be something a trifle uncanny in the discounting of a person's death, as this merchant did the King's; and yet he merely met natural conditions as he found them, acted intelligently upon them, and achieved a result highly creditable to his business judgment and discernment. In England it has long been an established custom to purchase insurance on the life of the sovereign. Why should not an American go this idea one better, so to speak, and seek a legitimate profit in the passing away of a public figure of first importance, and whose passing away he could in no wise prevent?

We incline to applaud the pluck and foresight of this American merchant in old London. He played a fair and square game and brought it to a successful finish —in true Yankee style. He is a credit to his country, and it is not surprising that he is several times a millionaire.

Why Is a Pistol?

"Why is a pistol?" queries the Detroit Free Press.

The inquiry is pregnant with food for thought. If there were no pistols, there would be no "pistol toters;" and if there were no "pistol toters," murder would probably be reduced not less than 75 per cent in this country.

It is the handy gun that is responsible for nearly all of the felonious homicides. Men rarely murder deliberately. Killings generally are the results of immediate quarrels—or, at least, of the imme-

3·1운동은 미국 거의 전 지역 신문에 크게 보도된다. 신문들 논조가 많이 달라진다. 1910년 한일병합조약 직후엔 한국을 무기력한 '은둔의 왕국'으로 묘사했다면(《더 워싱턴 헤럴드THE WASHINGON HERALD》 1910년 8월 22일 자, 위) 3·1운동 이후엔 독립을 위해 저항하는 나라로 부각한다. 일례로 사우스캐롤라이나주 섬터 지역지인 《와치맨 앤 서드런The Watchman and Southron》 1919년 3월 22일 자 1면에 '가장 아름다운 한국의 싸움(Korea's Fight Most Wonderful)'이라는 제목의 기사(41쪽)가 실린다. 이처럼 3·1운동은 미국을 비롯한 세계가 한국을 재인식하게 한다.

ter be, and the same is hereby abolished, but that the supervisor now in office shall hold office until the expiration of the term and perform such duties as may be required of him by the County Board of Commissioners.

Section 2. That upon the approval of this act the County Board of Commissioners shall appoint a competent civil engineer for the county, provide the terms, of his employment, fix his compensation and pay same out of the funds provided for roads and bridges or the maintenance of the county chain gang.

Section 3. That from and after the expiration of the term of office of the present supervisor, the County Board of Commissioners shall appoint and authorize such person or persons to sign all warrants on the county treasury for the payment of claims against the county, which shall be approved by a majority of the County Board of Commissioners, and who shall also be authorized and empowered to sign all notes, to secure loans, if any, made to the county, that may be authorized by the County Board of Commissioners, or a majority thereof; and in the meantime, during his term of office, the present supervisor shall perform the duties aforesaid: that is to say, shall sign all warrants and notes or other instruments that the County Board of Commissioners, or a majority thereof, shall direct him to do.

Section 4. That upon the expiration of the term of office of the present supervisor for Sumter county or other end of the term of said office, County Board of Commissioners shall, from time to time, appoint such person or persons to perform such duties and have such powers and responsibilities as are now or may hereafter be provided by law, for a county supervisor to perform, and he shall discharge his duties subject to

ports are not being issued to sightseers.

Korea's Fight Most Wonderful

American Missionary Says every Korean, Christian and Non-Christian, in Movement for Independence of The Country

Peking, March 18—(By the Associated Press).—An American missionary, who has just returned from Korea, describes the independence movement there as the most wonderful passive resistance movement in history.

The missionaries were taken by surprise when the movement began, but after realizing that their churches had been closed by order of the police and that most of their pastors were in jail, they concluded that the time had come to break silence, regarding the brutalities witnessed in the last decade. They had seen children beaten, old men ejected from their houses and women struck with swords, and they could not keep quiet for humanity's sake, whatever the cost to their missionary work and themselves.

They determined, said this missionary during the course of an interview with the Associated Press, that the truth should be known. They appointed a committee to proceed to Seul and confer with the American consul and present signed documents to the effect that two American women missionaries had been beaten by Japanese soldiers with guns, and that other American missionaries had been subjected to indignities.

The American consul is declared to

신한청년당 명의로 파리평화회의에 제출한 13개 조의 독립청원서

굳건했을 뿐 아니라 영어, 프랑스어를 비롯해 중국어, 일본어, 독일어, 러시아어, 몽골어, 산스크리트어 등 여러 언어를 구사할 수 있어 조선 안팎에서 '어학의 천재'로 통했습니다. 동경외국어대학교 영어 교수 자리를 제안받았을 정도죠. 하지만 그는 여러 좋은 기회를 뿌리치고 망명길에 올라 독립운동에 매진합니다. 이런 배경을 알아 여운형이 그를 파리로 보낸 겁니다.

해가 바뀐 1919년 1월, 여운형은 김규식을 파리로 보냅니다. 자신은 만주와 러시아로 이동하고 다른 동지는 국내와 일본으로 파견

새 지폐에는 나를 넣으시오

합니다. 파리평화회의에 김규식이 간다는 소식을 전하고 그의 활동이 성과를 얻으려면 국내외에서 대규모의 독립운동을 벌이는 게 좋겠다는 의견을 전하기 위해서였죠.

국내로 잠입한 신한청년당 당원은 독립운동가들을 만나 이런 내용을 전하며 국내에서 만세 시위를 벌여 달라고 요청합니다. 일본으로 간 당원은 한국인 유학생들에게 소식을 전했고요. 이에 유학생들은 2월 8일 도쿄에서 이른바 2·8독립선언을 발표한 뒤 시위를 벌입니다. 이 소식이 국내에 알려지자, 이전부터 독립 시위를 준비하고 있던 천도교와 기독교, 불교 대표 등 민족 대표 33인은 3월 1일에 만세 시위를 벌이기로 결정합니다.

3월 1일 오후. 종로 탑골공원 팔각정에서 한 학생이 독립선언서를 낭독하기 시작합니다.

우리는 조선이 독립국임과 조선인이 자유민임을 선언하노라…….

낭독이 끝나자 공원에 모여 있던 사람들이 일제히 "대한 독립 만세!"를 외치며 거리로 쏟아져 나왔습니다. 이날의 만세 소리는 다음날로 이어졌고 한 달, 두 달, 일 년이 넘도록 삼천리 방방곡곡으로 퍼져 나갔습니다. 급기야 한반도를 넘어 만주와 연해주, 바다 건너 미국으로까지 번졌습니다. 그 결과 상하이에서 독립운동의 구심점인 대한민국 임시정부가 수립되었습니다.

국내외에서 200만 명이 참가한 3·1운동은 일제에 나라를 빼앗긴 이후 10년간 숨죽이고 있던 민족의 에너지를 대폭발시킨 사건이었습니다. 이 사건의 기폭제 역할을 한 사람이 바로 여운형입니다. 그러므로 여운형은 새 화폐 인물이 되는 데 전혀 부족함이 없다고 자신합니다. 이상입니다.

국외로도 전한 독립 의지

위원장   발표 잘 들었습니다. 초등학생도 다 아는 3·1운동 뒤에 그런 역사가 있었다니 놀랍군요. 그런데 제가 자료를 보니까 우리 대표가 파리에는 갔지만 정작 회의장에는 못 들어가고 독립청원서도 전달하지 못했던데요?

위원   맞습니다. 물론 나중에 우리 대표단 소식이 외국 신문에 실리긴 했습니다만, 청원서를 전달하지 못한 게 사실입니다. 일본의 방해 때문이었죠. 일본은 자기들과 협력하고 있던 미국과 영국 대표들이 한국 대표단을 만나지 못하도록 집요하게 방해했습니다.

위원장   그렇다면 여운형의 공이 그리 크지 않은 거 아닌가요?

위원   물론 청원서를 전달하지 못한 건 사실이지만, 파리로 김규

여운형은 파리평화회의 참석이 불투명한데도 한국 대표단을 보냈다. 국외에 우리의 강한 독립 의지를 보여 주기 위해서였다. 사진은 한국 대표단(앞줄 맨 왼쪽은 여운형의 아우 여운홍, 맨 오른쪽이 김규식).

식을 파견하고 이 소식을 연해주, 국내, 일본에 알려 대대적인 시위가 벌어지게 한 건 여운형의 공이라 할 수 있습니다.

위원장 좋습니다. 한데 여운형의 판단에 문제가 좀 있는 거 아닌가요? 민족자결주의라는 게 실은 독일과 오스트리아 등 1차 대전에서 패한 국가의 식민지 독립을 지지한다는 내용이라면서요. 그렇게 보

이념보다 민족을 우선시한 _ 여운형

면 승전국인 일본의 식민지인 한국은 해당이 안 되는 거였죠. 그것도 모르고 여운형이 파견한 거 아닙니까?

위원　그래서 여운형이 더 위대하다는 겁니다.

위원장　그게 무슨 말씀인가요?

위원　여운형은 그걸 알면서도 우리 대표를 파리에 보내 조선의 독립을 강력하게 호소한 겁니다. 만약에 '에이, 한국은 해당 안 되니까 가만히 있어야겠다' 하고 말았다면 어땠을까요? 3·1운동 같은 거대한 물결이 일어났을까요? 그러니까 중요한 건 독립청원서를 전달했느냐, 못했느냐가 아니라는 겁니다. 우리 대표를 보냄으로써 강대국들에게 우리의 독립 의지를 보여 주고, 동시에 3·1운동이 일어날 수 있는 계기를 마련해 주었다는 사실이죠.

위원장　우리 독립운동사에서 3·1운동이 가장 중요하고, 그 운동을 기획한 인물이 여운형이다, 그러니 새 화폐에 들어갈 최고의 독립운동가로 여운형을 뽑아야 한다, 이 말씀이죠?

위원　그렇습니다.

위원장　알겠습니다. 여운형이 3·1운동에서 한 역할을 들으니 어떤 인물인지 굉장히 궁금해지는데요.

위원　그럴 줄 알고 저도 〈이 사람이 궁금하다!〉를 준비해 왔습니다. 제 발표를 들으면 3·1운동 이후에도 많은 활약을 벌였다는 사실을 알게 될 겁니다. 함께 보시죠.

새 지폐에는 나를 넣으시오

태양을 꿈꾼 아이

이 사람이 궁금하다!

여운형은 1886년 경기도 양평 묘곡 마을에서 양반집 아들로 태어났다.
어머니가 치마폭으로 태양을 품는 태몽을 꾸었다.
조부는 범상치 않다고 여겨 손자에게 '태양을 꿈꾸다'라는 의미로
몽양(夢陽)이라는 아호를 지어 주었다.

어린 여운형은 동네 아이들과 남한강 변을 뛰어다니며 놀았다.
양반집 아이, 상민의 아이 가리지 않았다.
신분이 다르다고 해서 사람을 차별하는 건
나쁘다고 생각했다.
훗날 아버지가 돌아가신 뒤
집안 노비들을 불러 놓고 말했다.

"이제부터 여러분은 해방입니다.
아씨니, 서방님이니 하는 호칭부터 버리세요.
각자의 삶을 찾아 떠나세요."

쟤는 양반인데 상놈하고 노네?

뭐래?

여운형은 양반집에서 태어났지만 양반, 상민 가리지 않고 어울렸다.

일본인들도 반한 명연설가

여운형은 배재학당에서 신학문을 배우고 개신교에 입교했다.
그는 호방한 성격에 무엇보다 뛰어난 웅변가였다.
백정들이 많이 다닌다고 해서 백정교회라 불린 승동교회에서 전도사로 일할 당시,
그의 설교를 듣기 위해 사람들이 몰려들었다.

일제는 3·1운동 직후 영향력이 막강해진
여운형을 회유하기 위해 도쿄로 초청한다.
하지만 여운형이 조선 독립이 왜 필요하고, 타당한지
탄탄한 논리로 연설을 하자 도리어 일본인들이 설득당하고 만다.
이 때문에 여운형을 초청한 일본 정부는
그를 회유하기는커녕 궁지에 빠지고 말았다.
심지어 여운형의 연설 일부가 일본의 유명한 일간지인 《마이니치신문》에 실리기까지
한다.

여운형 연설을 들으니 조선이 왜 독립돼야 하는지 분명히 알겠구만.

여운형 만세!

"주린 자는 먹을 것을 찾고 목마른 자는 마실 것을 찾는 것은 자기의 생존권을 위한 인간 자연의 원리이다. 이것을 막을 자가 있겠는가! 일본인이 생존권이 있는데 우리 한민족만이 홀로 생존권이 없을 수 있는가? 일본인이 생존권이 있다는 것을 한국인이 긍정하는 바이요, 한국인이 민족적 자각으로 자유와 평등을 요구하는 것은 신이 허락하는 바이다. 일본 정부는 이것을 방해할 무슨 권리가 있는가! 세계는 약소민족 해방, 부인 해방, 노동자 해방 등 세계 개조를 부르짖고 있다. 이것은 일본을 포함한 세계적 운동이다. 한국의 독립운동은 세계의 대세요, 신의 뜻이요, 한민족의 각성이다."

여운형은 적의 심장부인 도쿄에서 조선의 독립을 당당하게 주장해 일본인들에게 충격을 주었다.

뭐야? 이 분위기는? 여운형이 임시정부에서 탈퇴해서 우리 편이 되게 꼬드기려고 데려왔는데 도리어 우리가 넘어갔구만, 쩝.

세기의 혁명가들과
어깨를 나란히 하다

여운형은 조국의 독립을 위해서라면
이념과 국적을 초월해 못 만날 사람이 없었다.
중국의 지도자 쑨원을 만나 조선과 중국의 독립을 이야기했다.
1922년 모스크바에서 개최된 극동인민대표대회에 조선 대표로 참가해
소련의 지도자 레닌과 트로츠키를 만나 조선의 독립을 지지해 달라고 호소했다.
중국의 공산당 지도자 마오쩌둥을 만나 동양 평화를 위해 조선의 독립은 필수라 역설했다.

여운형의 움직임이 불안했던 일제는
1929년 그를 서울로 압송했다.

모스크바에서 열린 제4차 코민테른(국제 공산당 연합 조직)에서는
동아시아의 피압박 민족, 식민지 문제를 주로 다루었다.
한국에서는 여운형, 홍범도 등 56명이 참석했다.
여운형은 유창한 영어로 조선 독립을 호소했다.

일장기 지운 사진을 싣다

여운형은 대전형무소에서 3년 형을 마친 뒤
동생 여운홍 등 주변의 도움으로 《조선중앙일보》 사장에 추대됐다.

조선체육회회장이기도 한 그에게 마라톤 선수 손기정이 찾아왔다.
베를린 올림픽 출전을 앞둔 그의 손을 꼭 잡고 여운형은 말한다.

**"손 군, 자네는 비록 가슴에 일장기를 달고 뛰지만
등에 한반도를 짊어지고 있다는 사실을
잊어서는 안 되네."**

손기정은 1위를 했고,
여운형은 손기정 가슴에 있는 일장기를
지운 사진을 신문에 실었다. 결국 신문은 폐간되었고,
여운형은 더욱더 심한 감시를 받게 된다.

1936년 베를린 올림픽 마라톤에서
1위로 들어오는 손기정.
당시 《조선중앙일보》 사장이었던
여운형은 8월 13일 자 신문(위)에
손기정 가슴의 일장기를 지운
사진을 싣는다.
이 일로 신문사는 탄압을 받고
폐간된다. 《조선중앙일보》는
《동아일보》, 《조선일보》와 함께
일제 강점기의 3대 민간지 중
하나로 반일 논조가 분명했다.

일제는 패망할 것이다

1937년 중일전쟁, 1941년 태평양전쟁을 일으키며
최후의 발악을 하는 일제를 보며 여운형은 생각했다.

일제는 망할 거야, 반드시 망하고 말 거야!

그래서 독립 이후를 준비했다.
해방 1년 전인 1944년 독립운동 단체인 건국동맹을 조직했다.
비밀리에 치안대를 조직하고, 만주·러시아에 있는 독립무장단체에
맹원을 보내

국내에서의 무장 투쟁을 비밀리에 협의했다.

그런데 1945년 8월 15일, 일제가 항복을 한 것이다!

사진은 일본 천황과 정부를 대신해 항복 문서에 서명하기 위해 도쿄만에 정박한 미 전함
미주리호에 승선한 일본 항복 대표단. 일본은 1945년 8월 15일 항복했지만 공식적인 항복은
9월 2일 미주리호 함상에서 항복 문서에 서명함으로써 이루어졌다.

통일이 먼저, 이념은 그 다음에

해방 직후 한반도는 혼돈의 도가니였다.
삼팔선으로 남북이 분단되고,
남쪽에선 좌익과 우익의 대립이 극심했다.

여운형은 김규식과 함께 좌우합작위원회를 구성해
임시 통일정부를 세우는 일에 매진했다.
여운형의 현실 인식과 정세 판단은 정확했다.

"통일국가 수립은 미국과 소련이 방해하지 않는 경우에만
가능하다. 친소반미도 안 되고 친미반소도 안 된다. 이념은
자주통일이 되고 난 뒤 인민에게 물어서 하면 된다."
−1945년 10월 5일 국내의 정당 대표들과 함께한 간담회에서

좌우합작운동에 관한 시사만평.
극좌 세력과 극우 세력이 합작을 방해하는 것을 풍자하고 있다.
그림에서 악수하고 있는 왼쪽 인물이 여운형, 오른쪽 인물이 김규식이다.

"혁명가는 침상에서 죽는 법이 없네"

극좌와 극우 세력은 통일정부 수립을 위해
나아가는 여운형의 행보가 마음에 들지 않았다.

그러던 1947년 7월 19일,

체육 행사에 참가하려고 동대문운동장으로 향하던 여운형은
혜화동로터리에서 극우 단체의 청년이 쏜 총에 맞아 숨을 거둔다.
그는 해방 이후 좌우익 양쪽으로부터 두 달에 한 번,
모두 열 한 번의 테러를 당했다. 그때마다 말했다고 한다.

"혁명가는 침상에서 죽는 법이 없네."

서울 한복판에서 죽을 것이라던 자신의 예언대로,
여운형은 그렇게 혁명가의 최후를 맞았다.
여운형은 당시 국민이 가장 존경하는 지도자였다.
미 군정청 사령관 하지가 본국에 보고한 내용에서도 확인된다.

"지금 남한에서 선거를 하면 여운형이 당선될 것이다.
그다음은 김구, 그다음 다음이 이승만이다."

일제의 총은 피했지만 동족의 총은 피하지 못한 여운형의 운구 행렬.
끝이 보이지 않을 정도로 많은 이가 함께했다. 이날 모인 군중이
60만 명에 달했다고 하니, 얼마나 존경받는 정치인이었는지
알 수 있는 장면이다. 장례는 인민장으로 치러졌다.

그는 권력을 추구하지 않고,
국민을 최우선으로 생각했다.
(…) 그는 소련 편이 아니었다.
언제나 '한국' 편이었다.
_리처드 로빈슨(미 군정관)

친일파? 좌파?

위원장 발표 잘 들었습니다. 여운형은 우리가 알고 있던 것보다 더 대단한 분이군요. 그런데 짚어 봤으면 하는 게 있습니다. 여운형이 친일 인사라는 지적입니다. 도쿄에서 일본인들의 간담을 서늘하게 하는 열변을 토한 건 사실이겠지만 일본에 초청돼 갔다는 것 자체가 바로 친일 인사라는 증거 아니냐는 얘기도 있고, 미군정에서도 여운형이 친일파라 안 된다고 한 적이 있다고 하고, 무엇보다 결정적으로 해방이 되던 날 일본 총독이 여운형을 불러 물러가는 자신들을 대신해 치안과 행정을 맡아 달라고 부탁했다는 얘기만 봐도 여운형이 일본과 보통 친한 사이가 아니었다는 의심이 있는데, 어떻게 생각하시나요?

위원 말도 안 되는 비판입니다. 하나하나 말씀드리죠. 여운형이 일본의 초청을 받았을 때 가서는 안 된다고 반대한 동지들도 있습니다. 일본에게 이용만 당할 거라는 이유에서였죠. 여운형은 그럴 수 있다는 걸 알면서도 갔습니다. 그가 친일 인사여서가 아니라 기회를 역으로 이용하자는 생각에서죠. 실제로 그가 도쿄 제국호텔에서 정치가, 군인, 학자 등을 모아 놓고 조선 독립을 열렬히 주장하자 개중에 감동받은 이가 자신도 모르게 "조선 독립 만세!"를 외치는 해프닝이 벌어지기도 했습니다. 두 번째, 미군정이 여운형을 친일파라고 오해한 건 우익 세력이 여운형을 모함했기 때문입니다. 국민의 존경을 받는 그를 견제하고 싶었겠지요.

세 번째, 해방이 되던 날 이야기인데요, 일본 총독이 부른 게 아니고 엔도 류사쿠 정무총감이 만나자고 해서 갔던 겁니다. 정무총감이 왜 만나자고 했을까요? 친일 인사라서? 아닙니다. 패망했으니 자신들 또한 일본으로 돌아가야 할 거 아닙니까? 그렇게 일본인들이 쫓겨 가게 되면 조선인들이 가만있지 않겠지요. 그러니 자기들을 공격하면 어떡하나 굉장히 걱정을 했습니다. 이런 위기 상황에서 자신들이 안전하게 귀국할 수 있게 국내 치안과 행정을 맡아 줄 지도자가 여운형밖에 없다고 판단한 겁니다. 여운형은 바로 건국준비위원회*를 발족해 전국의 치안과 행정을 맡습니다. 일본조차 여운형의 이런 능력을 간과할 정도였으니 이것만 봐도 여운형이 얼마나 위대한 지도자였는지 알 수 있죠.

위원장　그런가요? 또 한편에서는 여운형이 좌파여서 지금처럼 좌

건국준비위원회 ▬▬▬▬▬▬▬▬▬▬▬▬▬▬▬▬▬▬▬▬▬▬▬▬▬▬▬▬▬▬▬

1945년 8월 15일 조직된 건국 준비 단체. 줄여서 건준이라 한다. 해방 날 아침 조선총독부 엔도 정무총감은 여운형을 만나 일본인들의 안전한 귀국을 보장해 달라고 요청한다. 이에 여운형은 정치범을 즉각 석방하고, 3개월 분량의 식량을 확보하며, 건국 활동에 간섭하지 않는다는 약속을 받고 요청을 받아들인다. 그 즉시 여운형은 건국준비위원회를 발족한다. 건준의 목표는 완전한 독립국가와 민주주의 정권 수립을 준비하는 것이었다. 이를 위해 지방에 145개의 지부를 두었다. 이처럼 빠르게 건준이 발족될 수 있었던 건 해방 전부터 여운형이 건국동맹이라는 비밀 조직을 운영하고 있었던 덕분이었다. 건준은 조선인민공화국을 수립하며 해체됐는데, 지방 조직은 인민위원회로 이름이 바뀌어 활동을 이어 갔다.

이념보다 민족을 우선시한 _ 여운형

해방 직후 나라가 빠르게 안정될 수 있었던 건 건준 덕분이었다. 여운형은 일제의 패망을 내다보고 미리 나라를 어떻게 꾸려 갈지 준비했다. 사진은 1945년 8월 종로 YMCA 건물에 있는 건국동맹 본부에서 인사말을 하는 여운형.

우가 대립하는 시대에는 선정 인물로 적절치 않다는 의견도 있습니다.

위원　여운형이 좌파에 가까운 건 사실입니다. 현대 공산주의 이론을 만든 칼 마르크스의 책을 번역하기도 했고, 사회주의 혁명을 일으킨 소련의 지도자 레닌을 만나 조선의 독립을 지지해 달라고 요청한 적도 있고, 해방 후 좌익 세력과 연합한 것도 사실입니다. 하지만 그를 김일성이나 박헌영처럼 사회주의자나 공산주의자로 볼 수는 없습니다. 여운형은 어떤 주의자라기보다 독립을 위해서는 사회주의자들과도 손을 잡을 수 있다고 생각한 사람일 뿐입니다.

　해방 후 남한은 이념 갈등의 도가니였습니다. 허구한 날 좌익과 우익 세력이 싸우는 바람에 하루도 조용할 날이 없었습니다. 그럴 때 여운형이 좌우합작운동을 벌인 겁니다. 파리평화회의에 대표로 파견됐던 김규식 아시죠? 김규식과 손잡고 좌우합작운동을 추진합니다. 좌우가 싸우지 말고 조금씩 양보해 합작한 뒤 북쪽과 협의해서 임시 통일정부를 세우자, 이런 것이죠. 여운형은 좌우 이념 갈등을 누그러뜨리고 통합해 나가려 한 상징적인 인물로 봐야 합니다. 새 화폐 인물로 손색이 없다고 자신합니다.

이념보다 민족을 우선시한 _ 여운형

좌우에 손 내민 유연한 정치가

위원장　하지만 어쨌든 좌우합작운동은 실패하지 않았나요? 애는 썼지만 결실은 없다, 이거죠.

위원　그게 여운형 탓은 아니죠. 좌우 세력이 극단적으로 대립했기 때문 아닌가요? 그들은 좌우합작 7원칙*이라는 큰 틀에 합의하고도 사사건건 대립했습니다. 가장 크게 대립한 문제가 친일파 처리와 토지 개혁인데요, 좌익은 일제 시대 지주와 친일파는 모두 처단하고, 토지는 국가가 무상으로 몰수해서 무상으로 나눠 주자, 이렇게 주장했습니다. 반면에 우익은 누군들 친일 행위를 하고 싶어서 한 거냐 어쩔 수 없이 한 사람은 봐주자 이랬고, 토지는 나라에서 지주에게 돈을 주고 사서 농민들에게 돈을 받고 팔아야 한다고 맞섰습니다. 무상몰수 무상분배 대 유상매입 유상분배의 대결이었죠. 이러니 무슨 합의가 되겠습니까. 여운형은 지주라도 민족 입장에 선

좌우합작 7원칙
1946년 9월 좌우합작위원회에서 합의된 일곱 가지 내용은 다음과 같다. 1. 민주주의 임시정부를 수립한다. 2. 빠른 시간 안에 미소공동위원회가 다시 열리도록 성명을 발표한다. 3. 토지 개혁. 주요 산업 국유화, 지방자치제를 실시한다. 4. 친일파와 민족 반역자 처리를 위한 조례를 추진한다. 5. 좌우 모두 테러 행위를 하지 못하도록 노력한다. 6. 입법 기능을 가진 기관을 구성하는 방안을 모색한다. 7. 언론·집회·결사·출판·투표 등의 자유를 절대 보장한다. 하지만 7원칙은 잘 지켜지지 않았다. 극좌와 극우 세력 모두 이 합의에 떨떠름해했으며, 10월 대구에서 일어난 항쟁이 모든 이슈를 빨아들였기 때문이다. 7원칙 내용은 정부 수립 이후 내용이 조금씩 변형되어 추진되었다.

여운형은 대통령 후보 1위였을 정도로 해방 후 국민이 가장 존경하고 의지한 정치인이었다. 좌우 이념보다 민족과 통일을 우선시했기 때문이다. 사진은 1945년 8월 연설을 하러 휘문중학교 운동장으로 향하는 여운형과 그를 따르는 사람들.

지주가 있다, 모두 친일파라고 할 수 없으니 양심적인 지주는 봐주자, 그리고 토지는 유상으로 사들여 무상으로 나눠 주자, 이런 절충안을 내놓았습니다. 이것으로 좌익과 우익을 설득했지만 두 세력은 한 치도 양보하지 않았죠. 그런 와중에 미군정이 대대적으로 좌익을 탄압하자 좌익 세력이 반발했고, 좌우 갈등은 극심해집니다. 이 여파로 여운형이 암살당하면서 좌우합작운동도 실패로 끝난 겁니다.

위원장 그런 히스토리가 있었군요. 그나저나 여운형은 누가 암살

이념보다 민족을 우선시한_여운형

한 건가요?

위원　극우 테러 조직 백의사 소속인 한지근이란 청년인데요, 그는 여운형이 좌파여서 범행을 저질렀다고 하지만, 당시에도 배후에 누가 있을 거란 시각이 많았습니다. 여운형이 국민에게 워낙 인기가 많았으니, 자신이 권력을 잡는 데 방해물이 될 거라고 여겼던 누군가가 아니었을까 상상해 봅니다. 여운형의 죽음은 한국 현대사에서 정말 안타까운 사건입니다. 그가 암살당하지 않았다면 좌우합작을 통해 임시 통일정부를 세우는 데 큰 힘이 됐을 테니까요. 그리고 여운형이 그 통일정부의 대통령이 되지 않았을까 싶습니다.

위원장　그렇게 믿을 만한 근거가 있나요?

위원　앞서 미군정이 '지금 선거를 하면 여운형이 당선될 것이다' 이렇게 판단했다고 말씀드렸잖아요. 당시 국민들 생각도 비슷했습니다. 해방되고 몇 달 뒤 선구회라는 단체에서 여론 조사를 했습니다. '조선을 이끌어 갈 양심적 지도자는 누구인가?' 이 질문에 1위로 뽑힌 사람이 여운형이었습니다. 그다음이 이승만, 김구였죠. '생존 인물 중 최고의 혁명가는 누구인가?'라는 질문에도 여운형, 이승만, 김구 순으로 나왔습니다. 이것만 봐도 통일정부가 수립되었다면 여운형이 대통령이 되었을 가능성이 큽니다. 이런 배경에서 최고의 독립운동가이면서 통일정부 수립에 헌신한 여운형을 새 화폐 인물로 강력하게 추천하는 바입니다.

눈에는 눈
이에는 이

무력 투쟁의 선봉장

김원봉

김원봉이 무력으로 일제를 물리쳐야겠다고 결심하는 데
가장 큰 영향을 끼친 것이 역설적이게도 비폭력 평화 시위였던
3·1운동이었습니다. 중국에서 독립운동을 하고 있던
김원봉은 3·1운동 소식에 감격했습니다.
'드디어 우리 민중이 일제에 저항을 시작했구나!'
하지만 곧 실망하고 맙니다. 비폭력으로 일제에 맞서겠다는
독립선언서를 읽고 나서였죠. 이게 아닌데.

위원장 여운형에 관한 발표 잘 들었습니다. 독립을 위해서는 3·1운동 같은 거국적인 저항 운동이 필요하다, 그런 운동을 기획하고 배후에서 애쓴 여운형을 최고 독립운동가로 선정하면 좋겠다는 말씀이죠? 다음 인물로 넘어가겠습니다. 세 번째 위원님, 발표해 주시죠.

위원 존경하는 위원장님, 그리고 시청하고 계신 국민과 해외 동포 여러분, 다른 나라 화폐에 관해 잠깐 이야기하겠습니다. 쿠바 화폐에는 혁명가 체 게바라의 초상화가 들어 있습니다. 아르헨티나 출신인 그가 왜 쿠바 화폐에 있는 걸까요? 피델 카스트로와 함께 쿠바 혁명을 이끈 인물이기 때문이죠. 프랑스의 사상가이자 작가인 사르트르는 체 게바라를 "20세기 가장 완전한 인간"이라며 극찬했습니다. 혁명가인 동시에 인간적인 면에서도 완벽했다는 뜻이죠. 우리에게도 체 게바라에 견줄 만한 혁명가가 있습니다.

무력 투쟁의 선봉장 _ 김원봉

위원장 체 게바라에 견줄 만한 혁명가가 있다고요? 진짜예요?

위원 그렇습니다. 의열단장 김원봉이 그 주인공입니다.

추천 인물	**약산(若山) 김원봉**
출생과 사망	**1898년 경남 밀양 출생~1958년 북한에서 숙청된 것으로 추정**
주요 활약	**의열단 조직, 일제의 요인 암살 및 주요 기관 파괴, 한국광복군 부사령관**

위원 김원봉은 아주 오랜 시간 치열하게, 강력한 무력으로 일제와 싸운 인물입니다. 3·1운동은 분명 대단한 저항 운동이었습니다. 우리 독립운동사에서 가장 큰 규모의 시위였고, 중국과 인도, 이집트, 터키의 독립운동에까지 영향을 미친 세계사적 사건이었으니까요. 그럼에도 3·1운동은 뚜렷한 한계가 있습니다. 민중이 일제의 총칼 앞에서 맨손으로 만세를 부른 결과가 뭡니까? 맥없이 쓰러진 것밖에 더 있습니까?

위원장 바로 그런 비폭력 투쟁이 여러 사람의 공감을 불러일으키고 다른 나라 독립운동에도 영향을 준 거 아닐까요?

위원 그런 면이 없지 않습니다만 그런 맨손 저항으로는 총칼로 무장한 일제를 물리칠 수 없다는 것이죠. 일제도 그걸 잘 알고 있었습니다. 앞서 제2 위원님이 여운형이 도쿄에 가서 독립을 외쳤다는

김원봉은 역설적이게도 3·1운동 때문에 무장 투쟁을 결심하게 된다. 맨손으로 싸운다고 해서 상대도 맨손으로 대항하는 게 아니기 때문이다. 그림은 3·1운동에 참여한 여학생의 팔을 자르는 일제의 만행을 표현한 중국 신문의 삽화.

말씀을 하셨죠? 그때 일본의 많은 정치가가 여운형의 용기에 감탄하며 저런 독립운동가를 회유하기는 힘들겠구나, 하고 생각했습니다. 그런데 한 육군 대장은 뭐랬는지 아십니까?

"좋다. 그렇게 자신 있으면 어디 조선을 가져가 봐라. 우리가 조선을 순순히 내줄 것 같은가."

이것이 일본의 진짜 속내 아니었을까요? 너희가 백만 명, 아니 천만 명 들고일어나 만세를 부른다고 해서 우리가 조선을 놔줄 것 같으냐! 이런 일제에 어떻게 해야겠습니까? 눈에는 눈, 이에는 이라고, 무력에는 무력으로, 파괴에는 파괴로 일제를 물리쳐야죠. 의열단의 김원봉처럼 말입니다.

맨손 저항의 한계

1920년 9월 어느 날이었습니다. 부산경찰서 2층 서장실에서 중국인 고서적상이 일본인 서장에게 책을 한 권 내밀었습니다.

"서장님이 좋아하실 만한 책을 구해 왔습니다. 한번 보시지요."

서장은 놀란 표정을 지으며 책을 받아 들었습니다. 그러고는 한 장 한 장 책장을 넘겼습니다. 그 모습을 지켜보던 서적상은 "이 책도 좀……" 하면서 책 보따리를 뒤적였습니다. 그런데 그가 꺼내 든 것은 책이 아니라 폭탄이었습니다! 그는 폭탄을 던지며 외칩니다.

"하시모토! 의열단의 이름으로 너를 처단한다!"

"쾅-." 굉음을 내며 폭탄이 터졌습니다. 서장은 급히 병원으로 옮겨졌으나 숨집니다. 부상을 입은 서적상은 현장에서 체포됩니다. 그는 의열단원 박재혁이었고, 그를 서적상으로 위장시켜 투입한 인물이 바로 의열단장 김원봉이었습니다.

일제에게 김원봉은 공포 그 자체였습니다. 언제 어디서 나타나

《매일신보》 1920년 11월 9일 자 기사. 박재혁이 무기징역을 선고받은 내용이 실려 있다. '누이동생과 따뜻한 모친의 얼굴을 마주대고 대성통곡 불쌍한 범인의 눈물 한 방울'이란 제목이 보인다. 박재혁은 이듬해 5월 옥사했다.

자신들에게 폭탄을 던질지 알 수 없었기 때문이죠. 김원봉은 왜 의열단을 조직했을까요?

김원봉이 무력으로 일제를 물리쳐야겠다고 결심하는 데 가장 큰 영향을 끼친 것이 역설적이게도 비폭력 평화 시위였던 3·1운동이었습니다. 중국에서 독립운동을 하고 있던 김원봉은 3·1운동 소식에 감격했습니다.

'드디어 우리 민중이 일제에 저항을 시작했구나!'

하지만 곧 실망하고 맙니다. 비폭력으로 일제에 맞서겠다는 독립선언서를 읽고 나서였죠. 이게 아닌데.

김원봉은 무력에는 무력으로 맞서야 한다는 생각으로 신흥무관학교를 찾아갑니다. 신흥무관학교는 독립운동가 이회영과 그의 형제들이 독립군을 양성하기 위해 압록강 건너 서간도에 세운 학교입니다. 그곳에서 김원봉은 몇 달 동안 군사 교육을 받고 폭탄 제조법을 익히며 자신과 뜻을 함께하는 동지들을 모았습니다.

1919년 11월 김원봉은 찬바람 몰아치는 간도 땅 어느 중국인 집에서 역사적인 비밀 결사 조직을 만듭니다. 열두 동지가 함께합니다. 이들은 '정의를 맹렬히 실행한다'는 목표를 정하고, 모임 이름을 정의의 '의'와 맹렬의 '렬' 자를 따 '의열단'으로 지었습니다. 단장은 김원봉이었죠.

의열단의 목표는 명확했습니다. '7가살 5파괴'*를, 즉 폭탄과 권총으로 조선 총독과 일본군 대장, 친일파 등 일곱 부류를 처단하고, 식민지 통치 기관인 조선 총독부와 경찰서 등 다섯 기관을 파괴하는 것이었죠. 평화적인 방법으로 일제를 물리칠 수 없다고 생각한 젊은이들과 상하이 임시정부의 온건한 외교 투쟁 방식에 실망한 피끓는 독립투사들이 속속 의열단으로 모여들었습니다.

의열단의 첫 번째 목표는 조선 총독부를 파괴하는 것이었습니다. 이를 위해 1920년에 국내로 잠입합니다. 하지만 너무 많은 단원이 함께한 탓에 정보가

7가살 5파괴
의열단이 처단하려 한 일곱 대상과 다섯 기관을 뜻한다. 일곱 대상은 조선 총독 이하 고관, 군부 수뇌, 대만 총독, 매국노, 친일파, 밀정, 반민족적인 악덕 유지이며, 다섯 기관은 조선 총독부, 동양척식주식회사, 《매일신보》, 경찰서, 일제의 주요 기관이다.

새 나가 결국 폭탄 투척에 실패하지요.

이때의 경험으로 이후 의열단은 한 사람씩 거사에 나섰습니다. 앞서 소개한 박재혁은 부산경찰서 서장에게 폭탄을 던졌고, 그다음은 최수봉이 밀양경찰서에, 김익상이 조선 총독부에, 김상옥이 종로경찰서에, 김지섭이 도쿄로 날아가 일왕이 사는 왕궁 앞 다리에, 나석주가 동양척식주식회사에 폭탄을 던졌죠.

의열단원이 던진 폭탄이 곳곳에서 빵빵 터질 때마다 일제는 공포에 떨었고, 공포가 커지는 만큼 김원봉의 목에 걸린 현상금도 커졌습니다. 일본 경찰과 밀정들이 그를 잡으려고 집요하게 추적했지만 김원봉은 동지에게도 주소를 알리지 않고, 매일 잠자리를 옮겨 다니며 일제를 유유히 따돌렸습니다.

의열단원들은 성공하든 실패하든 대부분 현장에서 체포돼 처형을 당했습니다. 그들은 살아 돌아오지 못한다는 걸 잘 알면서도 서로 먼저 폭탄을 던지겠다며 나섰습니다. 자원자가 너무 많아 제비뽑기를 할 때도 있었습니다. 미치지 않고서야 어떻게 이럴 수 있단말입니까! 그렇습니다. 그들은 미친 사람들이었습니다. 무력으로 일제를 물리치고 빼앗긴 조국을 되찾고야 말겠다는 열망에 미쳐 있던 사람들이지요.

일제에게는 공포를, 우리 동포에게는 통쾌함을 안겨 주었던 의열단. 단연코 그들은 1920년대 독립운동사에서 가장 많은 페이지

의열단원 김상옥 사건을 다룬 《동아일보》 1923년 4월 12일 자 호외.
이 사건은 〈밀정〉이라는 제목으로 영화화되기도 했다.

를 차지해야 합니다. 그리고 의열단 페이지 맨 앞에 거사를 기획하고 연출한 김원봉 이름 석 자를 가장 굵은 글씨로 써 넣어야 할 것입니다. 이런 이유에서 김원봉을 최고의 독립운동가로 인정해야 하며 동시에 그를 새 화폐 인물로 선정해야 한다고 강력히 주장하는 바입니다.

일제를 공포에 떨게 한 의열단

위원장 빵빵 터지는 이야기 잘 들었습니다. 속이 뻥 뚫리는 것 같군요. 그런데 의열 투쟁*이 얼마나 효과적인 독립운동 방식이었는지를 따져 봐야 할 것 같습니다. 일본군 수뇌부나 경찰 몇 명 암살했다고 해서, 경찰서를 파괴한다고 해서 독립이 될까요? 김원봉이 최고의 독립운동가였는지는 좀 더 생각해 봐야 할 것 같은데요.

위원 좋은 지적이십니다. 김원봉도 처음엔 의열 투쟁보다 독립군 부대를 만들어 무장 투쟁을 벌여야겠다고 생각했습니다. 하지만 남의 나라, 땅에서 군대를 조직하고 무기와 군인을 모으는 게 쉽지 않았습니다. 그래서 우선 최소한의 비용으로 최대 효과를 낼 수 있는 독립운동 방법을 모색한 거죠. 그것이 폭탄과 권총을 이용한 의열 투쟁이었습니다.

무력 투쟁의 선봉장 _ 김원봉

위원장　그것 보세요. 군대도 아니고 한 사람이 폭탄 던지는 게 무슨 효과가 있겠어요?

위원　효과가 있겠느냐고요? 있었습니다. 일제를 벌벌 떨게 만들었으니까요. 조선 총독과 일본군, 경찰 수뇌부들은 김원봉 때문에 오금이 저렸죠. 아마 오줌을 지렸을지도 모릅니다. 군인들이 하는 전투야 예상이 되잖아요. 서로 맞붙어서 싸우다 안 되면 후퇴도 하고 피하기도 하고. 그런데 의열단은 언제 어디서 튀어나와 폭탄을 던질지 모르니 얼마나 공포에 떨었겠습니까? 그리고 하나 더 기억해 둬야 할 것이 있습니다. 김원봉은 일제가 중일전쟁을 일으키자 폭탄과 권총만으론 일제를 물리칠 수 없다고 판단해 의열단 동지들과 결국 군대를 창설했다는 사실입니다.

위원장　이 시점에서 또 한 가지 짚고 넘어갈 게 있는데, 의열 투쟁이라는 게 다른 말로 하면 테러 아닙니까. 폭탄을 던지다 보면 일본 관료나 군인, 경찰뿐 아니라 민간인도 피해를 당할 수 있잖아요. 그런 측면을 보면 좀 비인도적인 투쟁 방식 같은데, 어떤가요?

의열 투쟁

목숨을 걸고 일본인, 친일파를 처단하거나 일제의 주요 기관을 파괴하는 독립운동의 한 형태다. 의열이란 말은 앞서 언급했듯이 '정의를 맹렬히 실행한다'는 데서 왔고, 의사와 열사를 합친 말이기도 하다. 의사와 열사는 목숨을 걸고 일제에 항거한다는 공통점이 있지만, 의사는 안중근처럼 무력으로, 열사는 유관순처럼 정신력을 발휘해 항거한다는 점이 다르다. 의열 투쟁은 힘이 약하거나 군대 조직이 없는 민족이 강력한 침략자를 쳐부수기 위해 사용하는 수단으로, 무차별적으로 양민을 살육하는 테러 조직의 행위와는 구별된다. 대표적인 의열 투쟁 조직으로 김원봉이 이끈 의열단과 김구가 이끈 한인애국단이 있다.

위원　맞습니다. 의열 투쟁을 벌이다 보면 피치 못하게 그런 경우가 발생할 수도 있습니다. 김원봉은 목표물 외에 민간인 희생을 최대한 줄이려고 노력했습니다. 하지만 의열 투쟁 방식을 포기할 수는 없었죠. 이 방식은 힘없고, 군대도 없는 약자가 거대한 악을 물리치는 데 가장 효과적임에는 틀림없습니다. 그리고 비인도적이라 말씀하셨는데 총칼로 남의 나라 빼앗은 일본에게 인도적인 대응 운운하는 건 의미가 없어 보입니다.

위원장　그런가요? 일단 알겠고요, 김원봉이 어떤 인물인지 궁금하군요.

위원　그러실 줄 알고 준비했습니다. 함께 보시죠.

"싹수가 노란 아이"

김원봉은 나라가 기울어 가던 1898년 경남 밀양에서 태어났다.
어릴 때부터 반일 의식이 강했다.
대한제국이 일제에 강제 병합되자 친구와 울분을 토했다.

학교에서 일본 천황의 생일을 기념하기 위해 일장기를 나눠 주자
뒷집 사는 친구 윤세주와 일장기를 똥통에 처박았다.
이를 안 일본인 교사는 "싹수가 노란 놈"이라며 호통을 쳤다.

김원봉은 학교에 더는 미련이 없어 자퇴한다.
될성부른 나무의 첫 번째 항일 투쟁이었다.

일본 선생에다
일왕 생일 기념이라니…
이 따위 학교 더는 다니고
싶지 않아!

별처럼, 물처럼, 산처럼
조국을 기억하다

김원봉은 고모부가 권해 서울로 유학을 갔다.
중앙학교 재학 시절 웅변이 뛰어나 학생들과 선생님들의 주목을 받았다.
이 시기 평생의 동지를 만난다. 이여성(본명 이명건)과 김약수(본명 김두전).
셋이 난징으로 유학을 떠나기 전 고모부는 이들에게 호를 붙여 준다.

"물처럼(약수), 별처럼(여성), 산처럼(약산)
조국을 잊지 말거라."

세 사람은 난징의 금릉대학교에 입학했다. 3·1운동
이후 약산 김원봉은 중국에 남았고, 이여성과 김약수는
일본 유학 후 귀국한다.

이여성

이여성은 여운형이 이끄는 건국동맹과 건국준비위원회에
참여했고 좌우합작운동을 벌이다 미군정의 탄압을 피해
1948년 남북협상 때 월북했다.

김약수는 독립운동을 하다가 해방 뒤에 제헌국회 부의장이 되었다. 그런데 친일파 청산
활동을 벌이던 중 '국회 프락치 사건'에 연루돼 투옥된다. 6·25전쟁 발발 직후 서울을
점령한 조선인민군에 의해 석방되었고, 이후 월북했다.

김원봉, 이여성, 김약수 셋은 조국의 독립을 위해 헌신했지만 해방된 조국에서 환영받지
못한 채 역사 속으로 사라졌다.

김약수가 연루된 국회 프락치 사건은
1949년 5월부터 50년 3월까지
남조선노동당의 프락치 활동을 했다는
혐의로 현역 국회의원 10여 명이 검거되고
기소된 사건이다. 이 사건을 계기로 이승만
정부에 가장 비판적이었던 '소장파' 의원들이
국회에서 제거되면서 정부에 대한 국회의 견제 기능은
현저히 약해졌고, 친일파 청산도 거의 중단되고 만다.
사진은 《국도일보》 1950년 2월 15일 자 신문에 실린 국회
프락치 사건 관련 기사. 피고인 사진에서 4번이 김약수.

독립청원서보다 권총이 더 필요

여운형이 파리평화회의에 김규식을 파견할 무렵
김원봉도 동지를 파리로 보냈다.
다른 점이라면 그 동지의 가방에는 독립청원서가 아니라
권총이 숨겨져 있었다는 사실이다.

"일본 대표단을 암살하시오!"

비록 동지가 김규식에게 총을 빼앗기는
바람에 거사는 실패했지만
그의 무장 투쟁 노선을 보여 주기에는
충분한 장면이었다.

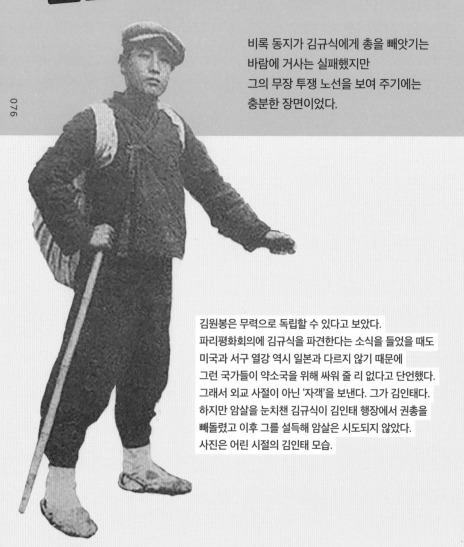

김원봉은 무력으로 독립할 수 있다고 보았다.
파리평화회의에 김규식을 파견한다는 소식을 들었을 때도
미국과 서구 열강 역시 일본과 다르지 않기 때문에
그런 국가들이 약소국을 위해 싸워 줄 리 없다고 단언했다.
그래서 외교 사절이 아닌 '자객'을 보낸다. 그가 김인태다.
하지만 암살을 눈치챈 김규식이 김인태 행장에서 권총을
빼돌렸고 이후 그를 설득해 암살은 시도되지 않았다.
사진은 어린 시절의 김인태 모습.

의열단, 조선의용대 조직

김원봉은 의열 투쟁의 한계를 극복하고자 무장 독립전쟁을 준비했다. 1932년 조선혁명군사정치간부학교를 설립해 조선 학생들을 군인 간부로 양성했다.
이 학교를 졸업한 청년들은 중국 군대에 들어가 일본군과 싸우거나, 국내에 들어와 노동자, 농민, 학생을 교육하고 항일 투쟁을 벌였다. 의열단 단원이자 〈청포도〉, 〈광야〉를 지은 이육사는 이 학교 졸업 후 국내에 들어와 독립운동을 벌이다 열 차례 넘게 투옥됐다.

어디다 무릎을 꿇어야 하나
한 발 재겨 디딜 곳조차 없다.

이러매 눈 감아 생각해 볼밖에
겨울은 강철로 된 무지갠가 보다.
-시 〈절정〉에서

독립운동가이자
시인 이육사

김원봉은 일본이 중국 본토를 침략하자 1938년 조선의용대라는 군대를 창설해 본격적인 항일 무장 투쟁에 나섰다. 중국 군대와 함께 일본군에 맞서던 조선의용대는 이후 둘로 갈라진다. 일부는 허베이성으로 가서 중국 공산군과 함께 항일 무장 투쟁을 벌였고, 일부는 김원봉과 함께 임시정부의 한국광복군에 합류했다.

조선의용대에서는 김원봉의 부인 박차정을 비롯해 여성 대원들도 활약했다.

조선의용대 성립 기념사진(1938년 10월 10일).
조선의용대의 초기 구성원은 총대장 김원봉, 부대장 신악 등 200여 명이었으나 이후 지속적으로 증가하여 1940년 2월에는 300명이 넘었다. 그 후 1942년 한국광복군에 편입되어 김원봉은 한국광복군 부사령관에 취임했다. 조선의용대는 일본군과의 전투는 물론 일본 군정의 탐지 또는 점령 지역 내의 정보 수집, 일본인 포로 취조 및 사상 공작 등 다양한 활동을 했다.

3일간 통곡한 사연

김원봉은 조국 독립을 위해서라면
민족주의자든 공산주의자든 가리지 않고
함께 손잡고 일제에 맞섰다.
그가 여운형, 김규식과 좌우합작운동을
벌인 것에서도 알 수 있는 일이다.

1948년 제헌국회는 일제 강점기 친일파들을 처벌하기 위해 '반민족행위처벌법'을 제정하고
'반민족행위특별조사위원회'(이하 반민특위)를 설치한다. 이후 반민특위에서는 경찰 노덕술, 소설가 이광수
등 1천여 명을 찾아낸다. 하지만 친일 세력과 이승만 대통령의 비협조와 방해로 반민특위의 활동은 성과를
거두지 못한다. 일례로 이승만은 반민특위에 체포된 노덕술을 "반공 투사"라며 비호해 무죄로 풀어 준다.
반민족행위처벌법은 51년 2월에 폐지된다. 친일파를 처벌할 수 있는 법적 장치가 완전히 사라져 버린 것이다.
사진은 반민특위에 체포된 노덕술 등에 관한 《한성일보》 1949년 12월 6일 자 기사. '일제고등경찰의 원흉,
노덕술 이원보 체포'라는 제목이 보인다.

그런데도 김원봉에게는 늘 공산주의자라는 딱지가 붙어 다녔다.
좌익 탄압에 나선 미군정과 경찰은 김원봉을 위험인물로 주시했고,
마침내 노동자들이 벌인 파업에 연관된 혐의로 그를 연행했다.

그런데 그를 조사한 이가 공교롭게도 노덕술이었다.
노덕술은 독립운동가들을 잡아다 고문한 악명 높은 친일 경찰이었다.
그런 그가 김원봉을 조롱하고 뺨을 때리며 취조를 한 것이다.
이제까지 겪어 본 적 없는 치욕이었다!
경찰서에서 풀려나온 김원봉은 3일 동안 통곡했다.

"일제의 집요한 추적에도 단 한번도
붙잡히지 않고 독립운동을 한 내가
해방된 조국에서 친일 경찰에게 이런 모욕을 당하다니!
너무나 원통해 참을 수가 없구나!"

미군정에 재임용된 친일 경찰들

세상이 어떻게 된 거
아냐? 독립운동가들 잡아다
고문했던 놈들이 어떻게
다시 경찰이 될 수 있어?

남북 모두에서 잊힌 이름

1947년 7월, 여운형이 서울 한복판에서 암살당한다.
김원봉은 충격에 휩싸였다. 자신도 극우 세력의 테러 위협에 시달리던 때였다.

이듬해 4월 북쪽 김일성이 김구와 김규식, 김원봉 등을
초청한다. 남과 북의 모든 정당과 사회단체가 모여
통일정부 수립을 위해 회의를 하자는 것이다.

노덕술에게 당한 치욕과 옥죄어 오는 테러 위협이
견디기 힘들어서였을까. 북으로 간 김원봉은 회의가 끝나고도
돌아오지 않았다. 이후 삼팔선 이남에서 그의 이름은 금기시되었다.
북한에 남은 10년 뒤 김원봉에 대한 모든 기록이 사라진다.
그 이유는 지금도 모른다.

조국 독립과 통일을 위해 투쟁했지만
남북 모두에서 잊힌 존재가 되었다.

1948년 9월 조선민주주의인민공화국 초대 내각(두 번째 줄 오른쪽에서 두 번째 선글라스 낀 사람이 김원봉).
북한에 남은 10년 뒤 김원봉에 대한 모든 기록이 사라진다. 그 이유는 지금도 모른다.

남과 북 모두에서 잊힌 독립운동가

위원장 발표 잘 들었습니다. 의열단 단장으로서뿐 아니라 한국광복군 부사령관을 지낼 만큼 임시정부에서도 큰 역할을 한 것이 흥미로운데요.

위원 제대로 보셨습니다. 그래서 저는 의열 투쟁의 꽃이자 대한민국 군대의 뿌리가 되는 한국광복군의 부사령관으로 활동한 김원봉을 최고의 독립운동가로 추천하는 것입니다. 김원봉만큼 결연하고 치열하게 독립운동을 이끈 지도자는 흔치 않습니다.

위원장 그렇군요. 그래도 무게감이나 상징성 면에서 김구나 뭐 이런 분과는 비교가 좀 안 되지 않나요?

위원 좋은 지적입니다. 말이 나왔으니 말씀드리면, 후반기 임시정부에서 김원봉의 위상은 김구와 맞먹었습니다. 김원봉이 조선의용대 대원을 이끌고 임시정부에 합류하면서 임시정부의 한 축을 이루었던 것이죠.

위원장 그렇다고 해도 어떻게 김구와 견줄 수 있을까요.

위원 모르시는 말씀입니다. 한인애국단*을 조직해 이봉창, 윤봉길 의거를 기획한 사람이 김구인데요, 김원봉은 김구가 한인애국단을 만들기 10여 년 전에 이미 의열단을 조직해 일제를 공포에 떨게 했습니다. 그럼에도 김원봉보다 김구가, 의열단원들보다 윤봉길이 더 유명한 건 윤봉길이 홍커우 공원(현재는 루쉰 공원)에서 터트린 폭탄의 위력이 워낙 셌기 때문입니다. 이전에 의열단원 열 명이 거둔 것보다 훨씬 더 큰 효과를 얻었던 거죠.

위원장 그러니까요. 그것만 봐도 김원봉보다 김구가 영향력이 더 크다고 볼 수 있지 않겠느냐고요.

위원 김구, 훌륭한 분입니다. 두 사람의 독립운동 방식이 다르고 활약한 결과도 다른데 단순히 비교하는 건 올바르지 않고 두 분에 대한 예의도 아니라고 생각합니다만, 위원장께서 자꾸 말씀하시니 저도 한 말씀 드리죠. 위원장님, 혹시 일제 강점기에 현상금이 가장 컸던 독립운동가가 누군지 아십니까?

위원장 당연히 김구겠죠.

위원 땡입니다.

위원장 땡이라니요? 아니란 말인가요?

위원 그럼요. 정답은 김원봉입니다. 김구는 60만 원, 김원봉은 100만 원이었던 사실만 봐도 김원봉이 얼마나 대단한 독립운동가

한인애국단

1931년 대한민국 임시정부 국무령 김구가 일제의 요인을 암살하고 주요 기관을 파괴하려고 만든 비밀 결사 단체. 임시정부가 분열과 침체를 겪자 김구는 새로운 전기를 마련하고자 고심하다 한인애국단을 조직했다. 단원인 이봉창은 32년 1월 도쿄로 건너가 천황 암살을 시도했고, 그해 4월 윤봉길은 홍커우 공원에서 일본군 수뇌에게 폭탄을 던져 거사에 성공했다. 이 일로 독립운동은 활력을 찾았고, 많은 동포가 임시정부를 후원했다. 중국 국민당도 한국인들의 의열 투쟁에 감동해 임시정부를 적극 도왔다. 한인애국단의 배후로 밝혀진 김구는 해방이 되는 날까지 일본 경찰에 추적당하는 힘든 삶을 살았다.

였는지 알 수 있죠. 일제에게 김원봉은 공포 그 자체였습니다.

위원장 오, 그런 일이 있었군요. 그런데 왜 오늘날 김원봉은 활약에 비해 덜 알려진 걸까요?

위원 저도 그게 의문인데요. 아마 북한에 있었던 것 때문에 대한민국이 그를 공산주의자로 낙인을 찍어서 그런 게 아닐까 싶습니다.

위원장 그럼 김원봉으로 정할 경우 우리 사회의 이념 갈등이 더 심해지는 않을까요?

위원 저는 오히려 김원봉을 제대로 드러내 알릴 기회라고 생각합니다. 남과 북에서 동시에 버려진 한 독립운동가를 복원하는 의미가 있으리라 기대합니다.

무력 투쟁의 선봉장 _ 김원봉

어제는 포수, 오늘은 독립운동가

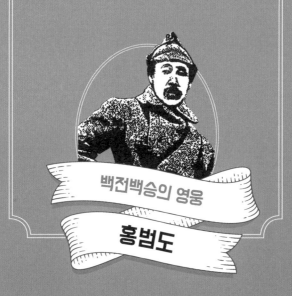

백전백승의 영웅

홍범도

홍범도 자신이 백발백중 명사수였고.
그의 부대에도 포수 출신 병사가
많았습니다. 홍범도가 동에 번쩍
서에 번쩍 하며 맹수를 사냥하듯
일본군을 쓰러트리자 함경도 일대
주민들은 홍범도를 추앙했습니다.

위원장 청문회장이 8월의 아스팔트처럼 후끈 달아오르는 것 같습니다. 그러다 보니 누구를 최고의 독립운동가로 선정해야 할지 머리가 점점 아파오는군요. 그래도 어쩌겠습니까, 계속해야죠. 네 번째 후보는 누군가요?

위원 앞서 위원님 얘기 잘 들었습니다. 저도 김원봉 좋아합니다. 그런데 위원장님, 김구도 그렇고 김원봉도 그렇고 그들이 최종적으로 수행하려 했던 작전이 뭔지 아십니까?

위원장 글쎄요, 일본군을 몰아내는 거 아닐까요?

위원 그렇습니다. 일본군을 몰아내려면 어떻게 해야 할까요?

위원장 아, 위원님. 앞의 분들도 그러시던데 왜 자꾸 저한테 질문을 하고 그러세요. 이 자리는 저에 대한 청문회가 아니라고 또 말씀드려야 합니까? 제발 질문 그만하시고 하시고 싶은 얘기만 해 주세요.

위원　좋습니다. 독립을 쟁취하려면 외교도 필요하고, 3·1운동 같은 거국적인 저항 운동도 필요하고, 조선 총독을 처단하는 의열 투쟁도 필요합니다. 하지만 그것만 가지고는 일본을 몰아낼 수 없습니다. 그럼 어떻게 해야 하느냐, 마지막은 전쟁이죠. 일본군과 전투를 벌여 그들을 몰아내야 하는 겁니다. 실제 임시정부는 해방 전 미국과 연합해 국내진공작전을 펼칠 준비를 하고 있었습니다. 히로시마와 나가사키에 핵폭탄을 맞고 일본이 예상외로 빨리 항복을 해서 그렇지, 만약 시간을 더 끌었다면 국내진공작전을 전개했을 겁니다. 전쟁은 결국 군인들이 밀고 들어가 적의 심장부를 점령해야 이기는 겁니다.

위원장　그건 그렇지요. 현대 전쟁에서도 아무리 공중 폭격이 성공해도 결국 전쟁을 끝내려면 보병들이 밀고 들어가 점령을 해야 끝나지요. 그런데요?

위원　그렇습니다. 마지막 전쟁을 결정짓는 것은 군인들이죠. 독립운동에서는 독립군 혹은 독립군 부대라고 할 수 있을 텐데 이들을 이끌고 무장 투쟁을 벌인 리더 중 가장 뛰어난 인물이 홍범도입니다.

위원장　아, 홍범도 장군 이야기 하려고 이러시는군요.

위원　그렇습니다. 제가 추천하는 인물이 바로 홍범도입니다. 호랑이 잡는 포수 출신의 의병장이자 봉오동 전투와 청산리 전투를 승리로 이끈 독립군 총사령관 홍범도.

추천 인물	여천(汝千) 홍범도
출생과 사망	1868년 평안남도 평양 출생~1943년 옛 소련에서 사망
주요 활약	의병 투쟁과 봉오동, 청산리 전투를 대승으로 이끌었음

패한 적이 거의 없다

위원장　의병이라면 유학자 출신의 최익현이나 평민 출신인 신돌석도 있고, 독립군 대장 하면 김좌진처럼 이름난 장군도 많은데 특별히 홍범도를 주장하는 이유가 있나요?

위원　홍범도는 여느 의병장이나 독립군 대장과 다른 특별한 점이 있습니다. 흔히 뛰어난 장수를 설명할 때 백전백승이니, 백전불패니 하는 이력을 많이 내세웁니다. 백 번 싸워서 백 번 다 이겼다는 말인데, 실제로는 그 의미가 아니라 많이 싸워서 많이 이겼다는 뜻이죠. 그런데 홍범도는 그런 말치레가 필요 없는 사람입니다. 실제로 일본과 백 번 넘게 싸웠고 그 전투에서 모두 승리했으니까요.

위원장　횟수만 놓고 보면 정말 대단한 것 같군요. 하지만 양만큼 질도 중요할 것 같습니다. 홍범도의 활약이 질적으로 얼마나 알맹이

가 있고, 독립운동에 어떤 영향을 미쳤는지가 중요한 게 아닐까요?

위원 맞습니다. 가방이 크다고 해서 꼭 공부 잘하는 건 아니겠죠. 홍범도는 싸운 횟수에서도 타의 추종을 불허하지만 승리의 질도 여느 장군보다 뛰어납니다. 나라를 빼앗기기 전 의병 투쟁을 벌일 때도 일제에 큰 타격을 입혔고, 나라를 빼앗긴 뒤 무장 투쟁을 벌일 때 역시 일본 경찰과 군인을 가장 많이 사살한 전력이 있습니다. 봉오동 전투, 청산리 전투*에서도 일본군 수백 명을 사살해 일본군을 전전긍긍하게 만들었습니다.

우리가 지금 이 청문회를 하는 이유가 뭡니까? 우리나라의 정체성을 다시 확인하고 우리가 나아가야 할 방향을 모색하기 위한 것 아니겠습니까? 우리의 정체성이 일제로부터 독립한 나라요, 이를 위해 무수한 무장 투쟁을 벌인 나라라면, 무장 투쟁을 벌인 인물 중 가장 두각을 나타낸 분을 화폐 인물로 선정해야 하지 않을까요?

봉오동 전투와 청산리 전투

봉오동 전투 1920년 6월 만주 봉오동 일대에서 홍범도가 이끄는 독립군 부대가 일본 정규군과 싸워 대승한 전투. 독립군이 일본군과 싸워 크게 이긴 첫 번째 전투다. 1918년부터 홍범도 부대가 국경을 넘어 일본군을 공격하자 일본군은 독립군 근거지를 소탕할 목적으로 두만강을 건너 봉오동으로 진격해 온다. 그러자 독립군은 계곡 깊숙한 곳으로 일본군을 유인한 후 기습해 큰 승리를 거두었다.

청산리 전투 1920년 10월 백두산 기슭 청산리 일대에서 홍범도가 이끄는 독립군 연합부대와 김좌진의 북로군정서가 일주일 동안 일본군과 싸워 대승한 전투. 봉오동에서 쓴맛을 본 일본군은 간도 일대의 독립군을 소탕하고자 청산리로 진격한다. 백운평 계곡에서 펼쳐진 첫 전투를 시작으로 모두 10여 차례의 접전 끝에 일본군은 수많은 전사자를 냈다. 청산리 전투는 일본군과 싸워 가장 크게 승리한 전투다. 대승 소식이 전해지자 국내외에서 임시정부를 후원하는 동포가 늘어났다.

홍범도는 전투의 달인이었다. 패한 적이 거의 없어 홍범도를
찬양하는 노래까지 탄생할 정도였다. 그만큼 일제에겐 이 갈리는
존재였다. 사진은 청산리 전투에서 대패 후 퇴각하는 일본군.

위원장　그런가요? 홍범도 장군이 얼마나 대단한지 일단 들어 보도록 하죠.

포수에서 독립운동가로

1920년 6월 7일 이른 아침이었습니다. 두만강 건너 북간도에 있는 봉오동 골짜기의 아랫마을에서 독립군 수십 명이 새까맣게 밀려오는 일본군과 힘겨운 전투를 벌이고 있었습니다. 결국 독립군은 세가 불리함을 깨닫고 골짜기 위쪽으로 황급히 도망치기 시작했습니다.

일본군은 기세등등해져 그 뒤를 바짝 좇았습니다. 그들은 점점 더 깊은 골짜기로 발을 들였습니다. 그곳은 계곡물 소리와 새소리밖에 들리지 않을 만큼 고요했습니다. 일본군은 조심스레 계곡 양쪽을 살피며 한 발 한 발 나아갔습니다. 일본군 본대가 위쪽에 거의 다다랐을 무렵, 총소리가 고요를 가르며 울려 퍼졌습니다.

"타앙-."

그걸 신호로 독립군은 계곡 양쪽에서 "타당탕탕-" 일제히 총을 쏘아 대기 시작했습니다. 기습당한 일본군은 총알이 어디서 날아오는지 몰라 허둥대며 기관총을 어지럽게 난사했습니다. 일본군 시체가 차곡차곡 쌓여 갔습니다. 이대로라면 전원이 곧 몰살될 상황이었습니다. 그런데 하필 그때, 천둥과 번개가 치면서 느닷없이 폭우가 쏟아져 내렸습니다. 한 치 앞을 분간하기 힘든 장대비 탓에 독립군은 더는 총을 쏘기 어려웠고, 일본군은 그 틈을 타 죽음의 계곡을 빠져나갔습니다.

이 전투가 바로 무장 투쟁사상 처음으로 대승을 거둔 봉오동 전투입니다. 이 전투를 지휘한 사령관이 홍범도이고요. 그는 어떻게 이리도 완벽한 승리를 쟁취할 수 있었을까요? 뛰어난 전술을 썼기 때문입니다.

전투 몇 시간 전, 홍범도는 골짜기 양쪽에 독립군 수백 명을 매복시켰습니다. 그러고는 부하 일부를 아랫마을로 보내 일본군을 유인했습니다. 매복, 유인, 기습이라는 유격전 3종 세트 전술을 써서 승리를 거머쥔 겁니다. 10년 넘게 일본군과 싸운 경험 덕분에 가능한 일이었습니다.

포수였던 홍범도는 일제가 을사조약으로 우리의 외교권을 빼앗고 이어 군대까지 해산시키자 함경도에서 의병을 일으켰습니다. 험하고 험한 함경도의 삼수, 갑산, 북청 등을 거점으로 일본군과 100여 차례 전투를 치르는 동안 홍범도는 단 한번도 패하지 않았습니다. 싸울 때마다 승리했습니다.

홍범도 자신이 백발백중 명사수였고, 그의 부대에도 포수 출신 병사가 많았습니다. 포수들은 은밀하고 신속하게 움직이며 먹잇감

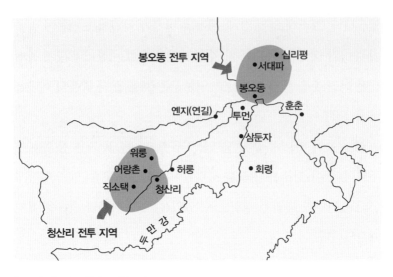

봉오동 전투와 청산리 전투 지역

을 최대한 가까이에서 쏘는 습관이 있습니다. 홍범도가 동에 번쩍 서에 번쩍 하며 맹수를 사냥하듯 일본군을 쓰러트리자 함경도 일대 주민들은 홍범도를 추앙했습니다.

봉오동 전투 전 홍범도는 북간도와 러시아 땅 연해주에서 독립군 부대를 조직해 국내로 진격할 계획이었습니다. 그런데 간도에서 활약하는 조선 독립군을 '토벌'하려는 일본군의 공격을 받게 된 것이죠. 봉오동 전투는 독립전쟁의 서막을 연 전투였다는 점에서도 역사적 의미가 큽니다.

독립전쟁의 서막을 연 봉오동, 청산리 전투

봉오동 전투에서 대패한 일본군의 심정이 어땠을까요? 전력 손실은 물론이려니와 세계 최강 군대라 자부하던 관동군*이 무기도 열악하고 전투력도 형편없을 거라 여긴 독립군에 패했으니 얼마나 자존심이 상했겠습니까.

이에 일본군은 무너진 위신을 세우고, 간도 지역의 독립군도 뿌리 뽑기 위해 만주와 시베리아 그리고 국내에 주둔하고 있던 병력을 끌어모아 대대적인 복수에 나섭니다. 홍범도가 이끄는 독립군 연합부대는 이를 미리 알고 백두산 기슭에 위치한 청산리 일대로 병력을 집결시킵니다. 그해 가을 이곳에서 전투가 벌어집니다. 청산리 전투란 1920년 10월 21일부터 약 일주일 동안 청산리의 산과 마을 등에서 일본군과 수차례 벌인 전투를 말합니다.

홍범도가 이끄는 독립군 연합부대는 봉오동 전투에 이어 또다시 일본군을 크게 무찌릅니다. 김좌진이 이끄는 북로군정서도 백운평 계곡에서 일본군을 궤멸시켰죠. 홍범도의 연합부대는 전투 규모가 가장 컸던 어랑촌 전투에서 위

관동군 ——————————
중국과 소련을 침략하기 위해 1906년부터 45년까지 만주에 주둔하고 있던 일본 육군. 러일전쟁 이후 러시아가 중국에서 빌려 쓰고 있던 랴오둥반도를 일제가 빼앗으면서 그 역사가 시작됐다. 1931년 일제가 만주사변을 일으키고 32년 만주국을 세우는 데 큰 역할을 했으며 만주에서 활약하는 우리 독립운동가를 암살하기도 했다. 45년 8월, 소련군에 항복하면서 역사 속으로 사라졌다.

백전백승의 영웅 _ 홍범도

험에 빠진 김좌진 부대를 도와 일본군 수백 명을 사살하는 전과를 올렸습니다.

일본군으로선 참패도 이런 참패가 없었죠. 독립군에겐 이전에도, 이후에도 없는 대승이었고요. 항일 무장 투쟁사에서 가장 빛나는 봉오동과 청산리 전투의 주역이 바로 독립군 연합부대를 이끈 홍범도였습니다. 따라서 본 위원은 홍범도를 10만 원권 화폐 인물로 선정해 그 돈을 사용하게 될 일본인들에게 한 방 먹이는 게 좋겠다고 강력히 주장하는 바입니다.

소련으로 이주

위원장 홍범도의 활약, 정말 대단하군요. 이렇게 대단한 인물이 많으니 누구를 뽑아야 할지 고민입니다. 치킨도 먹고 싶고 피자도 먹고 싶고 햄버거도 먹고 싶어서 뭘 먹을지 정하지 못할 때처럼 말이지요. 그런데 말입니다, 제가 알기로 무장 투쟁 하면 봉오동 전투보다는 청산리 전투, 홍범도보다는 김좌진 장군이 더 유명한 걸로 아는데요. 그래서 청산리 전투는 아주 큰 승리란 뜻으로 '청산리 대첩'이라 한다고 역사 시간에 배웠던 거 같고요.

위원 맞습니다. 청산리 전투의 승리와 김좌진의 의미가 작지는 않죠. 다만 봉오동 전투는 물론이고 청산리 전투에서도 우리가 알고 있는 것보다 홍범도의 역할이 더 컸다는 사실을 말씀드리고 싶은 겁니다. 홍범도가 이끄는 연합부대가 더 많이 싸워 이겼고, 그래서 일본군이 가장 집요하게 추적한 독립군도 홍범도 부대였습니다. 저를 포함해 많은 역사학자가 이 부분에는 동의하고 있습니다.

위원장 그래요? 그렇다면 그걸 왜 저만 몰랐을까요?

위원 그만한 이유가 있는데요, 앞서 김원봉 얘기를 할 때 그분이 수십 년간 대한민국에서 잊힌 존재였다던 발표 기억하시나요? 해방 이후 북한으로 넘어가는 바람에 대한민국에서는 이름을 언급조차 할 수 없었던 거죠. 홍범도도 비슷한 경우입니다.

위원장 그럼 홍범도도 해방 후 북한으로 갔나요?

위원 그건 아니고요. 청산리 전투 이후 홍범도는 일본군의 대대적인 추적을 피해 공산주의 국가인 소련으로 갔고, 거기서 일생을 마쳤습니다. 그래서 그의 공이 덜 알려진 겁니다. 그럼 홍범도가 어떤 인물이었는지 좀 더 자세히 말씀드리겠습니다.

백전백승의 영웅 _ 홍범도

월등한 사격 솜씨

이 사람이 궁금하다!

홍범도는 1868년 평양에서 태어났다.
어머니는 그를 낳은 뒤 산고로 죽었다.
머슴살이를 하는 아버지가 젖동냥으로 홍범도를 길렀으나
아홉 살 때 아버지마저 세상을 떠난다.
삼촌 집에서 지내던 홍범도는 열다섯 살 때 평양 진위대[대한제국 때에 지방의 각 진(鎭)에 둔 군]에 입대했다.
먹고살기 위해, 나이를 두 살 더 속여 군인이 되었다.

홍범도는 진위대에서 나팔수였지만
사격술도 익힌다. 그 덕분에 이후에
포수로, 의병장으로, 독립군 사령관으로 활약할 수
있었다.

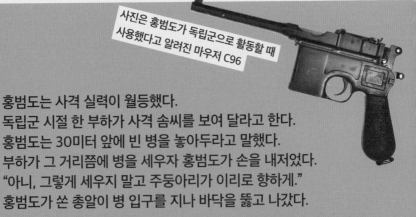
사진은 홍범도가 독립군으로 활동할 때
사용했다고 알려진 마우저 C96

홍범도는 사격 실력이 월등했다.
독립군 시절 한 부하가 사격 솜씨를 보여 달라고 한다.
홍범도는 30미터 앞에 빈 병을 놓아두라고 말했다.
부하가 그 거리쯤에 병을 세우자 홍범도가 손을 내저었다.
"아니, 그렇게 세우지 말고 주둥아리가 이리로 향하게."
홍범도가 쏜 총알이 병 입구를 지나 바닥을 뚫고 나갔다.

독립군이 주로 사용했으리라 추정되는
모신나강 소총. 5발을 장탄할 수 있고
명중률이 높아 저격용으로 많이 쓰였다고 한다.
봉오동 전투 때도 쓰였을 것으로 추정된다.

아니, 그렇게 세우지
말고 주둥아리가
이리로 향하게.

불의를 못 참는 청년

군대 생활은 오래가지 못했다.
불의를 보면 못 참는 성격 탓에
못된 상관을 두들겨 패 주고 도망쳤다.

종이 만드는 공장에 취직했으나
주인이 월급을 제때 주지 않고 노예처럼 부리기만 하자
주인을 두들겨 패고 도망쳤다.

그러다 금강산에 있는 신계사라는 절에서 큰 스님을 만난다.
이순신 장군의 후손이라는 그 스님은 홍범도에게
임진왜란 때 이순신 장군이 어떤 전술로 싸웠는지,
일본이 조선을 삼키려는 지금 무엇을 해야 하는지
일깨워 준다.

명포수에서 의병 대장으로

절에서 내려온 홍범도는 포수 생활을 시작했다.
사격 실력이 워낙 뛰어나고 신망이 높아 단박에 포수들을 이끄는 우두머리가 되었다.
그때 나라는 거의 망해 가고 있었다.

1907년 일본은 '총포급화약단속법(銃砲及火藥團束法)'을 만들어
포수들의 총을 수거했다. 그러고는 허락을 받고 사용하도록 했다.
하지만 일본은 이런저런 핑계를 대고 총을 돌려주지 않았다.

총포급화약단속법
총, 화약의 소지와 판매를 제한하는 법률로, 의병들의 무장을 막기 위해 만든 것이다. 한일신협약으로 일제가 대한제국
군대마저 해산시키자 대한제국군들이 들고일어난다. 비록 일제에 패했지만 살아남은 군인들은 각지로 흩어져 의병으로
활약한다. 이에 일제는 대한제국을 병합하기 전에 의병 세력을 완전히 뿌리 뽑기로 하고 문자 그대로 초토화 작전을 벌
인다. 총포급화약단속법도 그 일환 중 하나다. 일제는 이 법을 근거로 한국인들의 각종 무기를 압수해 폐기, 처분했다.
압수 과정에서 총, 화약뿐 아니라 민간에서 보존하고 있던 전통 활, 화살, 칼, 갑옷까지 빼앗아 간다. 그 때문에 한국
의 전통 무기 유물이 거의 남아 있지 않게 되었다.

"우리 민족을 무장
해체시켜 식민지로
삼으려는 것이다."

사진은 일제의 의병 초토화 작전에 체포된 호남 지방의 의병들

분노한 홍범도는 부하들을 이끌고 총을 운반하는 마차를 습격해 총을 되찾았다.

의병을 조직한 그는 일본 경찰, 군대와 1년 동안 60여 차례 전투를 치렀고,
싸울 때마다 승리했다.
홍범도가 신출귀몰하면서 일본군을 무찌르자 일본군은 홍범도를 '날으는 홍범도'
즉 비(飛)장군이라 불렀고, 주민들 사이에선 축지법을 쓴다는 신화가 생겨났으며,
홍범도를 찬양하고 일본군을 조롱하는 노래까지 널리 퍼졌다.

홍 대장 가는 길에는 일월이 명랑한데
왜적군대 가는 길에는 눈과 비가 내린다
에헹야 에헹야 에헹 에헹야~
왜적군대가 막 쓰러진다.

아내와 아들을 잃다

일제는 홍범도를 잡기 위해 발악한다.
그래도 못 잡자 부인을 인질로 끌고 가 고문했다.
부인은 홍범도 군대의 비밀을 누설하지 않으려고 이빨로 혀를 끊어 버렸다.
그러자 이번엔 편지로 홍범도를 유인하라고 강요한다.
부인이 다시 거부하자 가혹한 고문이 이어졌고, 결국 부인은 죽고 만다.
그뿐인가. 큰아들은 자신도 함께한 일본군과의 전투에서 전사한다.

홍범도는 깊은 상실감을 안고
두만강을 건너 연해주로 떠났다.

정부는 2021년 홍범도의 부인 단양 이씨와
장남 홍양순에게 건국훈장을 수여했다.

《홍범도 일지》에서 큰아들 양순의 죽음에 관해 언급한 부분. "그때 양순이는 중대장이었다. 때는 5월 18일 12시에 내 아들 양순이 죽었다"는 글이 보인다.

일제의 보복, 경신참변

봉오동 전투와 청산리 전투에서 잇달아 패하자
일제는 독을 품는다.
독립군의 근거지를 없애기 위해
서간도와 북간도에 있는 조선인 마을을 초토화했다.
집에 불을 지르고, 학교와 교회를 파괴하고,
조선인 수만 명을 학살했다.
경신년에 벌어진 대참변이었다.

홍범도는 주체할 수 없는 큰 슬픔을 안고
소련 땅으로 들어갔다.

경신참변은 간도대학살이라고도 한다. 봉오동 전투와 청산리 전투에서 대패한 일본군은
그 앙갚음을 하기 위해 간도 지역에 거주하는 조선 출신 민간인 수만 명을 무차별 학살하는 만행을
저질렀다. 얼굴 가죽을 도려내는 것은 물론 어린아이를 칼로 찔러 죽이고 시체를 태웠으며,
소녀를 폭행한 후 죽이는 천인공노할 짓을 저질렀다. 사진은 경신참변 중에 있던 장면으로,
조선인들을 결박한 후 참수하는 모습이다.

일흔셋에도 참전 요청

홍범도는 일제의 추적을 피해 건너간
소련 땅에서 재기하려 했으나 뜻대로 되지 않았다.
1921년 자유시(현재의 스보보드니)에서 독립군 내
파벌 싸움이 일어나 독립군끼리 총부리를 겨누는
참변이 일어났다. 소련도 관련 있는 이 싸움에서
무고한 많은 독립운동가가 희생되었다.

그 결과 독립군 조직은
회복이 어려울 정도로 크게 와해되고 만다.
살아남은 사람들 일부는 무장 해제를 당한 채
강제로 소련군에 편입되었고, 홍범도도 그중 하나였다.

일제가 만주국을 세우는 등 제국주의 국가의 야욕을 본격적으로 드러내자
이런 일제와 부딪치고 싶지 않았던 스탈린은 1937년 일제의 눈엣가시 같은
존재인 조선인을 중앙아시아로 강제로 이주시켜 버린다.
홍범도도 그 대상에 포함되었다. 수많은 조선인이 준비할 겨를도 없이
다급하게 수송 열차에 실려 카자흐스탄에 버려졌다.

창문도 없는 수송 열차에 오르는 고려인들

스탈린 이놈!
살라는 거냐?
죽으라는 거냐!

카자흐스탄의 초기 정착 모습

홍범도는 척박한 땅을 일구며
그곳에 세워진 극장의 수위로 일하다
해방을 두 해 남긴 1943년 75세로 세상을 떠났다.

41년 일본의 동맹국인 독일이 소련을 침공하자
홍범도는 자신도 정규군으로 입대시켜 달라며
소련에 요청한다.
당시 그의 나이 일흔셋이었다.
거절당해 뜻을 이룰 수는 없었지만
죽기 직전까지도 그는 일제와 싸우기를 원했다.

홍범도 묘비. '저명한 조선 빨치산 대장'이라고 쓰여 있다.

아직도 낯선 이름

위원장 발표 잘 들었습니다. 일제를 물리치려면 궁극에는 일본군과 전투를 벌여 이겨야 하는데, 그런 무장 투쟁 가운데 가장 큰 승리를 거둔 것이 봉오동 전투와 청산리 전투이고, 그 싸움을 이끈 대장이 홍범도였다, 그래서 홍범도를 화폐 인물로 선정해야 한다, 이런 말씀이죠?

위원 그렇습니다. 무장 투쟁사상 가장 빛나는 승리를 거둔 주인공이고, 소련으로 갔지만 공산주의자는 아니어서 우리나라에서 이념 갈등을 빚을 일도 없습니다. 도리어 오랫동안 잊힌 독립운동가를 세상에 널리 알리는 의미 있는 일이 되리라 생각합니다.

위원장 그렇군요. 그분이 소련군에 들어가서 일본군과 싸우지 못한 것이 아쉽군요. 말년에 극장 수위로 일하다 세상을 떠난 것도 마음이 좀 아프고요.

위원 그렇죠. 중앙아시아로 쫓겨나서도 그의 명성은 여전했습니다. 그가 수위로 일하던 극장의 연극 감독이 홍범도를 찾아온 적이 있습니다.

"장군님, 장군님 이야기를 연극으로 만들고 싶습니다."

홍범도는 쑥스럽고 자랑할 만하다고 생각지도 않아 거절합니다. 감독은 계속 찾아와 설득합니다. 동포들의 항일 의식을 높이기 위

홍범도는 고령에도 일제와 맞붙을 기회를 노렸지만 뜻을 이루지 못했다. 소련의
한 극장 수위로 일하다 생을 마쳤다. 사진은 1920년대 홍범도 부부.

해서라도 꼭 만들고 싶다면서요. 결국 홍범도는 제안을 받아들이고, 연극이 상연됩니다. 〈의병들〉이라는 제목으로요. 연극은 큰 호응을 얻었고 이에 제목이 〈홍범도〉로 바뀝니다. 홍범도는 극장 뒷좌석에 앉아 자신이 주인공으로 나오는 연극을 관람했겠죠. 그때 어떤 생각을 했을까요.

위원장　그러게요. 위인들이 살아생전 자서전을 쓰는 경우는 가끔 있지만, 자신을 주인공으로 삼은 연극이 상연되는 건 흔치 않은 일인 것 같군요. 그만큼 홍범도가 대단한 독립군이란 방증이겠지요.
발표 잘 들었습니다.

새 지폐에는 나를 넣으시오

나라의 은혜를 입었으니 나라를 되찾는 일에도 나서야 하지 않겠는가

노블레스 오블리주를 실천한

이회영

신흥무관학교가 없었다면 의열단 투쟁도,
봉오동 전투와 청산리 전투의 승리도 없었을지
모릅니다. 이회영은 가문의 전 재산을
팔아 독립운동에 헌신한, 독립운동사에서
빼놓아서는 안 되는 인물입니다. 이분이야말로
새 화폐 인물로 가장 적합하지 않을까요?

위원장 홍범도 이야기 잘 들었습니다. 위원께서 던진 마지막 질문이 여운을 남기는군요. 홍범도는 무대 위 자신을 보면서 어떤 생각을 했을까……. 아마 그때도 독립 전이니 독립전쟁에 나서지 못하고 있는 자신의 처지를 한탄하지 않았을까요? 홍범도 이야기는 이 정도로 하고 다음으로 넘어갈까요? 이번에 추천할 인물은 누군가요?

위원 존경하는 위원장님. 지금 화폐 인물 선정하는 거 맞죠?

위원장 맞죠.

위원 그렇다면 화폐와 밀접한 독립운동가가 어떨까요?

위원장 화폐와 밀접한 독립운동가요?

위원 그렇습니다. 조선의 갑부였던 독립운동가 이회영입니다.

위원장 갑부라서 화폐 인물로 추천하는 건, 뭔가 연결이 안 되는 거 같은데요?

위원 그렇지 않습니다. 이회영은 갑부이면서 독립운동사에도 가장 큰 영향을 미친 인물입니다. 신흥무관학교를 세워 독립군을 양성한 우국지사이자 자유롭고 평등한 세상을 꿈꾸었던 사상가죠.

추천 인물	**우당(友堂) 이회영**
출생과 사망	**1867년 서울 출생~1932년 뤼순 감옥에서 순국**
주요 활약	**신흥무관학교를 설립해 독립군 양성**

위원장 이회영이라고요? 여덟 명의 후보 중 가장 낯선 이름이군요. 이분으로 정해야 하는 이유가 뭐죠?

위원 나라가 망하자 조선 최고의 명문가이자 부자였음에도 형제들을 설득해 가문의 전 재산을 팔아 독립운동에 헌신했기 때문입니다. 사회 지도층이 보여 주어야 할 도덕적 의무인 노블레스 오블리주(Noblesse oblige)를 실천한 인물이죠.

위원장 전 재산을 팔아 독립운동에 헌신했다고요? 일단 훌륭해 보이는군요. 그런데 그것만 가지고 이회영으로 선정하기에는 무리가 있지 않나요? 본인이 독립에 큰 역할이나 실질적인 기여를 한 부분이 있어야 하지 않을까요?

위원 좋은 지적이십니다. 큰 역할 했고, 기여한 부분도 큽니다.

앞서 위원들께서 일제를 가장 공포에 떨게 한 의열단과 봉오동, 청산리 전투 이야기 했습니까, 안 했습니까?

위원장 했습니다, 하셨고요. 근데 위원님, 무슨 질문을 어린애에게 하듯이 했어? 안 했어? 이런 투로 하시나요?

위원 그렇게 들으셨다면 죄송합니다. 제가 말씀드리고 싶은 건 의열단이 승리하고 청산리 전투에서 독립군이 크게 이기게 한 주인공이 바로 이회영이란 사실입니다.

위원장 이회영이 의열단 단원이나 독립군이었어요?

위원 그건 아니고요, 의열단과 독립군 투쟁을 거슬러 올라가다 보면 반드시 이회영과 만나게 된다는 말씀입니다. 김원봉이 무력 투쟁을 해야겠다며 찾아간 곳이 어딥니까? 신흥무관학교였죠. 그곳에서 6개월간 군사 교육 받고 폭탄 제조법도 배웁니다. 그런 후에 의열단을 조직해 동지들을 만났죠. 봉오동 전투와 청산리 전투를 승리로 이끈 수백 명의 독립군이 어디서 군사 교육을 받은 줄 아십니까? 신흥무관학교입니다. 의열단과 독립군의 뿌리인 신흥무관학교, 그 학교를 세운 이가 바로 이회영과 그의 형제들입니다. 그러니 그 일을 주도한 분이 최고의 독립운동가로 선정되어야 하지 않을까요?

노블레스 오블리주를 실천한 _ 이회영

전 재산을 독립운동에 쏟아붓다

1910년, 500여 년을 이어 온 조선이 일제에 강제 병합됩니다. 이회영과 형제들(이건영, 이석영, 이철영, 이시영, 이호영)이 한자리에 모입니다. 다들 비통한 표정입니다. 이회영이 형제들을 둘러보며 무겁게 입을 엽니다.

> "세상 사람들이 우리를 명문가라고 합니다. 선조 때 영의정을 지낸 이항복 할아버지로부터 정승, 판서, 충신이 우리 가문에서 무수히 나왔으니까요. 허나 지금은 나라를 왜놈들에게 빼앗겨 그들의 노예로 살 처지에 놓였습니다. 이러한 때 나라의 은혜를 입은 우리 가문이 나라를 되찾는 일에 나서야 하지 않겠습니까?"

형제들은 말없이 이회영만 바라보았습니다.

> "실은 제가 얼마 전에 독립운동 기지를 마련하기 위해 만주에 다녀왔습니다. 형님, 아우님! 우리 형제들이 그곳으로 가서 빼앗긴 나라를 되찾는 일을 시작하는 게 어떻겠습니까?"

잠시 침묵이 흐른 뒤 형제들은 모두 넷째인 이회영의 제안에 고개를 끄덕였습니다.

그날 이후 이회영과 형제들은 땅과 집을 팔아 돈을 마련하기 시작했습니다. 그렇게 마련한 돈이 40만 원, 오늘날로 치면 600억 원에 상당합니다. 급하게 처분하지 않았다면 수천억 원은 되었을지 모릅니다.

1910년 12월 30일 이회영 일행 60명은 이른 아침 서울을 출발해 늦은 밤 신의주에 도착합니다. 그리고 일본 경비대의 검문이 소홀해진 새벽, 얼어붙은 압록강을 건너 서간도라 불리는 만주 땅으로 들어갔습니다.

처음 도착한 곳은 지금의 류허현에 있는 삼원보(三源堡)라는 곳이었습니다. 한두 집도 아니고 60명이 한꺼번에 마을로 몰려드니 그곳에 살고 있던 중국인들이 놀랍니다.

혹시 이 조선인들이 일본군을 끌어들여 자신들을 해치지 않을까 염려해 땅을 팔지 않고 내쫓으려 하죠.

이회영은 자신들과 합류하기 위해 안동에서 온 이상룡*과 베이징으로 가서 당시의 실세인 위안스카이를 만납니다. 위안스카이는 조선에 자주 왔던 정치가로, 이회영 아버지와 친분이 있었습니

이상룡
대한민국 임시정부 초대 국무령을 지낸 독립운동가. 나라가 일제에 강제로 병합되자 1911년 전 재산을 팔아 서간도로 망명했다. 이회영과 함께 신흥무관학교를 세워 수많은 독립군을 양성했다. 임시정부 지도 체제가 대통령제에서 국무령제로 바뀐 뒤 초대 국무령이 되었다. 만주에서 항일 단체와 독립군의 통합에 힘쓰다 32년 순국했다. 500년이 넘은 안동의 임청각이 그가 태어난 집이다.

노블레스 오블리주를 실천한 _ 이회영

이회영과 그의 형제들은 조선 최고의 부자이자 명문가였지만 모든 기득권을 버리고 독립운동에
헌신했다. 그림은 백범영 화가(용인대 교수)가 그린 〈빙천한리 우당일가권속 구국망명화〉.
서간도로 망명하는 이회영 일행 모습을 상상해 그렸다. ⓒ 우당 기념관다. 위안스카이는 이회영의 사정을 듣고는 부하를 시켜 이회영 일가가 만주에 잘 정착할 수 있게 돕습니다.

독립운동 기지 신흥무관학교

이회영과 형제들은 삼원보로 이주해 온 다른 독립운동가들과 경학사라는 주민 자치 기구를 만들었습니다. 경학사에서는 이주민의 정착을 돕고 그들을 교육시켰습니다. 경학사가 안착한 이후엔 곧바로 신흥강습소를 세웠습니다. 신흥강습소의 목표는 독립군을 길러 내는 것이었지만, 중국인들과 일제의 눈을 의식해 처음부터 군관학교라는 이름을 사용하지는 않았습니다.

다음 해인 1912년 이회영은 의형제를 맺은 중국 관리의 조언을 듣고 삼원보에서 차로 한 시간 거리에 있는 합니하(哈泥河)로 근거지를 옮겼습니다. 합니하는 강물이 마을을 휘감고 마을 뒤로는 산들이 겹겹이 이어져 적들이 갑자기 들이닥쳤을 때 피하기 용이한, 독립군을 양성하기에 안성맞춤인 지역이었죠. 이회영은 그곳에 신흥중학교(이후에 신흥무관학교로 개명)를 세웠습니다. 교실과 기숙사, 군사 훈련장을 짓고, 식량을 마련하기 위해 밭도 일구었습니다.

만주에 독립운동 기지가 건설되었다는 소식은 곧 국내로도 전해

상하이 임시정부 초대 국무령을 지낸 이상룡의 집인
임청각은 1515년, 이상룡(왼쪽 사진)의 선조인 이명이
지은 것이다. 이상룡이 중국으로 건너간 후 일제는 이
집에서 여러 명의 독립운동가가 나왔다는 사실에 분개해
임청각 일부를 헐어 내고 집 앞에 중앙선 철길을 내어
집의 정기를 끊고자 했다. 사진을 보면 알 수 있듯이 집
바로 앞에 놓인 철길이 중앙선이며, 본래는 그 자리에
행랑채와 부속 건물들이 있었다. 현재는 철길을 걷어 내고
임청각을 옛 모습 그대로 복원하는 사업을 진행하고 있다.

비폭력 투쟁만으로는 안 된다고 생각한 젊은이들이 신흥무관학교로 몰려왔다. 이들은 어려운 학교 재정을 생각해 직접 농사도 지었다.

집니다. 뜻있는 젊은이들이 신흥무관학교로 몰려들었습니다. 학생들의 하루 일과는 이랬습니다. 아침 6시에 운동장에 모여 체조를 합니다. 오전에는 역사, 국어, 지리, 수학 등을 배우고, 오후에는 총을 들고 군사 훈련을 받습니다. 군사 훈련 중 가장 비중을 둔 것은 험한 산을 오르내리는 산악 훈련이었습니다. 신흥무관학교 출신 독립군들이 봉오동과 청산리 전투에서 큰 역할을 했는데, 그 비결이 바로 이 산악 훈련에 있었다고 해도 과언이 아닙니다. 학생들은 영하 30도가 넘는 추위와 배고픔과 싸우며 하루하루 독립군으로 성장해 갔습니다.

3·1운동 이후 일군의 사람들은 일제를 무너뜨리려면 무장 투쟁밖에 없다고 생각하게 되었습니다. 특히 젊은이들이 그랬죠. 이런 젊은이들이 신흥무관학교로 몰려들었습니다. 너무 많아 수용이 어려울 정도였습니다. 그래서 학교를 고산자(孤山子)라는 지역으로 옮깁니다.

10년 동안 신흥무관학교에서 독립군 3500명이 배출됩니다. 이들은 곳곳에서 눈부신 활약을 펼쳤습니다. 신흥무관학교가 없었다면 의열단 투쟁도, 봉오동 전투와 청산리 전투의 승리도 없었을지 모릅니다. 이회영은 가문의 전 재산을 팔아 독립운동에 헌신한, 독립운동사에서 빼놓아서는 안 되는 인물입니다. 이분이야말로 새 화폐 인물로 가장 적합하지 않을까요?

노블레스 오블리주를 실천한 _ 이회영

혁명가 김산

위원장 발표 잘 들었습니다. 이회영이 형제들을 설득해 부귀영화를 다 버리고 만주에 신흥무관학교를 세우고 독립군을 길러 내 독립전쟁의 밑거름이 됐다, 이 말씀이죠? 그런데 신흥무관학교에서 이회영의 역할은 없었나요?

위원 신흥무관학교를 설립한 이후 이회영은 아무런 직책도 맡지 않았고 그곳에 머물 수도 없었습니다. 워낙 나서는 걸 좋아하지 않는 성격인 데다 일제가 신흥무관학교의 핵심인 그를 집요하게 추적하는 바람에 그곳을 떠나야 했기 때문이죠. 하지만 그는 언제 어디서나 거의 모든 독립운동 세력과 연결돼 있었고, 예순여섯 살로 숨을 거둘 때까지 일제와의 싸움을 멈추지 않았습니다.

위원장 그래요? 말씀을 들으니 이회영이란 사람에게 점점 더 호기심이 생기는군요. 그런데 신흥무관학교 출신 중에 알 만한 인물이 있나요?

위원 많습니다. 앞서 소개한 김원봉과 의열단 동지들이 있고요, 봉오동·청산리 전투 그리고 이후 무장 투쟁을 벌인 독립군들 중에 그 학교 출신이 많습니다. 그중에 독특한 학생 하나 소개할까 합니다.

위원장 독특한 학생이라고요? 누군지 궁금하군요.

위원　소년이 있었습니다. 3·1 운동을 지켜보던 소년은 기쁨을 주체할 수 없었습니다. 곧 독립이 될 줄 알았던 거죠. 하지만 맨손으로 만세를 외치던 동포들이 일제 총칼에 쓰러지는 모습을 보면서 크게 낙담합니다. 아, 이건 아니구나 하면서요.

그런 소년에게 만주에 신흥무관학교가 세워졌다는 소식은 가뭄의 단비처럼 반가웠습니다. 소년은 소식을 들은 바로 그날 짐 보따리를 챙겨 홀로 신흥무관학교로 향했습니다. 하지만 입학할 수

님 웨일즈의 책《아리랑》의 실제 인물인 독립운동가이자 혁명가인 김산 역시 신흥무관학교 출신이다.

는 없었습니다. 열여섯 살로, 어린 나이였기 때문이죠. 그는 간곡히 거듭 부탁했습니다. 그리고 마침내 비록 짧은 기간이지만 배울 기회를 얻어 냅니다. 소년은 군사학과 역사, 무기 다루는 법 등을 배운 뒤 중국으로 건너갑니다. 그곳에서 의열단원들과 교류하면서 독립운동의 길을 모색하죠. 그러다 마오쩌둥이 이끄는 공산주의 혁명에 몸을 던집니다. 중공군과 함께 일본군을 물리치는 것이 조선의 독

노블레스 오블리주를 실천한_이회영

립을 이루는 빠른 길이라고 판단했던 것이죠. 그를 독립운동가로, 혁명가로 이끈 곳이 바로 신흥무관학교입니다.

위원장 아, 네. 그 사람이 누군가요?

위원 혁명가 김산입니다. 《아리랑》이란 책의 주인공이죠. 《아리랑》은 김산이 고향을 떠나 혁명가가 되기까지 과정을 보여 주는데요, 신흥무관학교와 의열단원 얘기도 이 책에서 잠깐 소개됩니다. 신흥무관학교 이야기는 이 정도로 하고, 인간 이회영에 대해 살펴보겠습니다.

신분, 여성 차별에 반대

이회영은 1867년 서울에서 이조판서 이유승의 넷째 아들로 태어났다.
이회영 집안은 조선 시대의 전형적인 금수저였다.
대대로 정승, 판서를 배출한 명문가였다.

그런데 그는 여느 양반가 자제와 뭔가 달랐다.
양반, 상놈 따지는 것을 싫어했고, 노비에게도 존대를 했다.
그런 그에게 집안 어른은 "가당찮은 짓을 한다"며 나무랐다.

아버지가 돌아가시자 그는 집안의 노비를 해방시켰다.
여성 차별도 반대했다.

여성의 재가가 엄격히 금기시되던 당시에
과부가 된 누이동생을 재혼시켰다.

이회영은 인간의 자유와 평등을 중요시한,
시대를 앞서 나간 사람이었다.

을사오적 처단에 실패

1905년 일제는 을사조약으로 우리의 외교권을 빼앗았다.
이회영은 이상설과 조약 파기 상소를 올렸지만 소용이 없었다.
나철과 함께 이완용 등 을사오적을 처단하려 했지만
그 또한 실패한다.

이상설(1871~1917)은 을사조약 체결 이후 국외로 망명한다.
북간도에 서진서숙을 설립해 그곳으로 이주해 온
조선인들의 자녀 교육에 힘썼다. 특히 항일 민족정신을
불어넣어 주었다. 1907년 고종의 밀지를 받고
만국평화회의에 파견되지만 일본의 계략으로 회의에
참석하지 못한다. 그러자 회의장 밖에서 을사조약이 강제로
맺어진 것임을 폭로하고 조선은 자주국임을 강조했다.

1907년 이회영은 고종에게 네덜란드에서 열리는 만국평화회의에 특사를 파견해
을사조약의 불법성과 조선을 지배하려는 일제의 음모를 전 세계에 알려야 한다고
건의했다. 특사는 파견했지만, 큰 성과를 얻지 못한다.

이후 이회영은 양기탁, 안창호, 신채호 등과 항일 비밀 결사 단체인 **신민회**를 조직한다.

신민회

1907년 국권 회복을 위해 이회영, 윤치호, 안창호, 신채호, 박은식 등이 주도해 비밀리에 조직한 항일 단체. 국권이 회복되면 입헌군주제가 아닌 공화정을 세우려 했다는 것이 특기할 점이다. 국가는 국민의 것이고 국가의 부강은 국가를 이루는 국민에게서 나온다고 보았기 때문에, 특히 국민의 계몽에 힘썼다. 오산학교, 대성학교 등 교육 기관을 세우고, 《대한매일신보》를 비롯한 언론사를 창간한 배경도 여기에 있다. 독립전쟁을 대비해 국외에 무관학교를 설립해 군인을 양성하고 독립군 기지도 건설했다. 하지만 1910년 '105인 사건'으로 조직이 발각되면서 주요 인물이 대거 체포되고, 결국 해체되고 만다.

나철(1863~1916)은 구국운동(救國運動)의 일환으로
민족 종교 운동에 주력해 1909년 1월 대종교를 창시했다.
청산리 전투를 주도한 서일, 김좌진과 박은식, 김규식 등
수많은 애국지사가 대종교의 영향을 받았다.

어떤 억압도 원치 않은 무정부주의자

이회영은 형제들과 함께 가문의 전 재산을 처분해
서간도로 망명한다. 그리고 신민회 활동의 일환으로
그곳에 신흥무관학교를 세워 독립군 양성에 힘쓴다.

3·1운동 직후
상하이 임시정부 수립에 참여하지만
내분을 보고는 베이징으로 떠나 버린다.
당시 쉰셋이었다.

베이징의 이회영 집에는 다양한 사상을 가진 사람들이 찾아왔고
이들은 이회영과 독립운동 방향에 대해 이야기를 나누었다.

1920년대 베이징은 새로운 사상들로 들끓었다.
러시아 혁명의 여파로 공산주의 사상이 붐을 일으켰고,
무정부주의 사상도 크게 유행했다.
이회영은 무정부주의를 받아들였다.
그 때문에 억압과 착취를 일삼는
일제를 그대로 둘 수는 없었다.

무정부주의

아나키즘이라고도 한다. 국가를 비롯한 모든 억압과 통치 체제를 반대하
고 개인의 절대 자유를 추구하는 사상을 뜻한다. 무정부주의는 서구에서
시작됐는데, 일제 강점기에 전해져 독립운동을 이끄는 하나의 이념이 되
었다. 무정부주의자들은 착취 권력을 타도하기 위해 암살 같은 무력을 썼
다. 의열단원 가운데 무정부주의자가 많은 이유다. 이회영, 신채호, 김원
봉, 백정기, 유자명, 박열 등이 무정부주의자로 유명하다.

일제를 공포에 떨게 한 다물단, 흑색공포단

이회영은 1925년 비밀 결사 조직인 다물단(多勿團),
31년에는 흑색공포단(黑色恐怖團) 조직 결성에 함께한다.
이 조직들은 일제의 요인을 암살하거나 주요 기관을 파괴하고
밀정을 비롯한 친일파를 처단하는 데 뜻을 두었다.
실제로 일본 영사관 건물과 항구에 정박 중인
일본군 군수물자 수송선을 파괴하는 등
일제의 혼을 쏙 빼놓는다.
이런 일들로 이회영은 일제의 표적이 되었다.

흑색공포단원 백정기

흑색공포단은 말 그대로 '검은 옷을
입은 공포의 대상'이란 뜻으로 중국인,
일본인도 포함된 무정부주의자
연합 단체다. 백정기 등 핵심 인물이
체포되고, 젊은 층은 군사 훈련을 위해
황푸군관학교 등에 입학하면서
1930년대 중반 이후 활동이 침체된다.

사진은 백정기 등의 공판에 관한
《조선중앙일보》 1933년 7월 13일 자 기사.
1933년 3월 백정기, 원심창, 이강훈 등
흑색공포단원들은 중국 주재 일본 공사
아리요시[有吉]를 암살하려고
모의하다가 체포된다. 백정기, 원심창은
무기징역 그리고 이강훈은 15년을 선고받는다.
백정기는 34년 옥사했다.
'유길(有吉) 공사 암살 계획 사건의 관계자 피고
조선인 원심창, 백정기, 리강훈 등 3명에 대한
사건은 오랫동안 두고 상해 일본총령사관에서
취조를 속행 중이던 바…'라는 기사가 보인다.

"이 늙은이가 일제와 끝까지 싸웠다고 알리고 싶네"

1932년 이회영은 마지막으로 할 일이 있다며 만주로 간다.
당시 만주는 일제에 완전히 장악돼 있었다.
동지들은 말렸지만, 이회영은 이런 말을 남기고 떠났다고 한다.

"내가 일생을 통해 젊은이들을 사지로 보내 희생시켰네. 앞길이 구만리 같은 그들을
생각하면 가슴이 미어질 것 같아. 이제 내 차례가 온 거야. 이 늙은이가 항일 전선에서
끝까지 싸웠다고 알리고 싶네. 부디 나의 결심을 막지 말아 주게."

중국인 복장을 한 예순다섯의 이회영은
다롄[大連]으로 향하는 여객선에 몸을 실었다.
머릿속에는 온통 만주 관동군 사령관을 처단할 생각뿐이었다.
항구에 다다를 무렵 일본 경찰이 나타났다. '아, 샜구나!'

이회영은 일본 경찰에 끌려갔다.
모진 고문에도 그는 끝내
조직의 비밀을 누설하지 않았다.

며칠 뒤, 이회영이 뤼순 감옥에서 자살했다는 소식이
신문에 실렸다. 그가 옥사한 바로 옆방엔 평생의 동지인
신채호가 수감돼 있었다.

이회영이 순국 당시 입었던 옷이에요.
딸 이규숙의 증언에 따르면 죽은 아버지를 보았는데
눈을 뜨고 있었고 안면에 선혈이 낭자했고 중국식 의복에도 피가 잔뜩 묻어
있었다고 합니다. 자살이 아니라 고문치사란 증거죠. 이회영의 아들 규창
역시 독립운동가였는데요, 아버지를 밀고한 놈들을 나중에 찾아냅니다.
그런데 글쎄, 밀고자 중 하나가 바로 사촌동생 이규서였다지 뭡니까?
얼마나 씁쓸했을까요. 이규창은 동지들과 함께 이규서와
다른 한 사람 연충렬(임시정부 요인인 엄항섭의 처조카)을
처단합니다.

뤼순에서 순국

위원장 아, 안타까운 일이네요. 자살을 했다니.

위원 목을 매 죽었다는 건 가짜뉴스였습니다.

위원장 가짜뉴스라고요?

위원 그렇습니다. 이회영은 자살한 게 아니라 경찰서와 뤼순 감옥에서 극심한 고문을 받다 숨진 겁니다. 뤼순 감옥은 20여 년 전에 안중근이 사형을 당한 곳이죠. 이회영의 옆방에는 평생 동지인 신채호가 몇 년째 갇혀 있었습니다. 신채호 역시 몇 년 뒤 그곳에서 숨을 거둡니다. 일제를 타도하려고 권총을 가슴에 품고 홀로 만주로 떠났던 예순여섯의 이회영은 차디찬 감옥에서 그렇게 생을 마쳤습니다.

위원장 아, 말문이 막히는군요. 그런 비극적인 죽음을 맞았다는 것이요.

위원 그렇죠. 만약 이회영과 그의 형제들이 대부분 양반처럼 나라야 망하든 말든 나만 잘 먹고 잘살면 됐지 하고 현실과 타협했다면 일제로부터 귀족 작위도 받으면서 계속 떵떵거렸겠죠. 하지만 이회영 일가는 모든 기득권을 버리고 독립운동에 인생을 전부 바친 겁니다.

위원장 이회영 말고 다른 형제들은 어떻게 됐나요?

이회영 6형제 중 고국으로 살아 돌아온 이는 다섯째인 이시영뿐이었다. 사진은 광복 후 상하이 비행장에서 귀국을 기다리는 임정 요인들. 들뜬 사람들 사이에서 이시영(오른쪽 중절모 쓴 노인)이 울고 있다.

위원   마지막이 비참했습니다. 가져간 자금은 몇 년 만에 바닥이 났죠. 조선 최고의 부자였던 이들이 일주일에 겨우 밥을 세 번 먹을 정도로 굶주렸고, 일제의 감시 때문에 가족이 뿔뿔이 흩어지는 아픔도 겪습니다. 경기도 남양주에서 서울 동대문까지 남의 땅을 밟지 않고 갈 만큼 땅이 많았던 둘째 형 석영은 비참하게 굶어 죽었고, 막냇동생 호영의 가족은 행방불명되었으며, 이회영도 중국에서 아들을 잃고 두 딸은 고아원에 맡겨야 할 정도로 가난에 시달렸습니다. 이렇게 조선 최고의 명문가 집안은 풍비박산 났습니다. 해방 뒤 고국으로 돌아온 이는 다섯째인 이시영뿐이었습니다. 임시정부에서 활동한 그는 훗날 초대 부통령이 됩니다.

위원장   아, 정말 비극적인 히스토리군요.

위원   저도 그렇게 생각합니다. 그리고 그 '비극'의 의의를 잊지 않기 위해서라도 이런 분들의 삶을 조명해야 한다고 생각합니다. 그런 의미에서 이회영을 강력히 추천하는 바입니다.

첫째도
둘째도
셋째도
외교!

외교의 귀재

이승만

독립을 하고 싶다고 할 수 있는
상황이 아녔습니다. 강대국이
오케이해야 가능한 일이었죠.
그걸 가능케 하려고 수십 년간
외교 활동을 벌인 인물이 바로
이승만 박사입니다.

위원장 이회영 가문 이야기를 들으니 마음이 아프군요. 지금까지 추천된 인물이 다 존경받을 만해서 누구로 정해야 할지 점점 더 어려워지네요. 계속해서 다음 후보 보겠습니다. 위원님은 누구를 추천하시겠습니까?

위원 존경하는 위원장님 그리고 동료 위원 여러분. 저는 지금 위대한 독립운동가이자 대한민국을 세운 건국의 아버지를 소개해 드리고자 합니다. 바로 이승만입니다.

위원장 아, 초대 대통령 이승만요? 대한민국 국민이라면 모를 수 없는 분이죠.

위원 그렇습니다. 그러니 오늘 심의는 하나 마나입니다.

위원장 하나 마나라니요?

위원 그렇지 않습니까. 맨 처음 위원장님이 다른 나라 화폐를 예로 드셨잖아요. 미국, 터키, 인도, 멕시코, 베트남 화폐 등에는 독립운동가나 건국에 기여한 인물이 들어가 있다고요. 그렇다면 굳이 더 논의할 필요 없이 이승만으로 정하는 게 맞죠. 독립운동가인 데다 초대 대통령이기까지 하니까요.

추천 인물	우남(雩南) 이승만
출생과 사망	1875년 황해도 출생~1965년 하와이에서 사망
주요 활약	외교 활동을 통한 독립운동에 매진

위원장 그렇더라도 독립운동에 얼마나 크게 기여했는지를 따져 본 후에 결정해야죠. 그리고 저는 이승만이 구체적으로 어떻게 독립운동을 했는지 생각이 안 나는군요. 왜 이승만이어야 하죠?

위원 이유가 없습니다. 무조건 해야 합니다. 앞에서 조선 최고의 명문가 이회영과 그의 형제들 얘기를 해 주셨는데, 이승만은 정승, 판서 가문이 아니라 왕족이었습니다. 세종대왕의 형님인 양녕대군의 후손이죠. 이런 점만 보더라도 무조건 이분으로 해야 합니다.

위원장 왕족이건 왕족발이건 그건 중요한 게 아니죠. 그 인물이 독립을 위해 어떤 역할을 했느냐가 중요한 거 아니냐고요?

위원 지금까지 살펴본 인물들이 어떤 활동을 했습니까? 만세 부르고, 총 쏘고, 폭탄 던지고, 군대 조직해 싸우고 하지 않았습니까?

그런 행동들이 솔직히 독립에 얼마나 도움이 됐습니까? 폭탄 던지고 나면 어떻게 됐습니까? 더 극심한 일제의 탄압을 받았지 않습니까. 일례로 윤봉길 의거 이후 임시정부는 일제에 쫓겨 다니느라 제대로 활동도 하지 못했잖아요. 청산리 전투 직후엔 간도에 사는 우리 동포가 무참히 학살당했고요.

위원장 음, 그렇다고 해도 그렇게 일제와 싸웠기 때문에….

위원 이승만은 그런 방법들 말고 가장 실질적이고 효과적인 방법으로 독립운동을 해야 한다고 생각했습니다. 외교 활동이죠. 이분의 인상적인 점을 하나 더 말씀드리겠습니다. 이분은 외교 활동만 잘한 게 아니라 내부에선 권력 투쟁의 귀재였습니다. 좀 더 구체적으로 말씀드리면, 밖으로는 외교 투쟁을, 안에서는 미국에 있는 한국인 사회에서 독립운동 조직을 장악하려는 권력 투쟁을 벌인 겁니다. 상상을 초월하는 권력 의지가 없었다면 초대 대통령이 되지 못했겠죠. 따라서 저는 건국의 아버지 이승만을 우리나라를 대표하는 최고의 화폐에 넣어야 한다고 강력히 주장하는 바입니다.

위원장 밖으로는 외교 투쟁, 안에서는 권력 투쟁, 알겠습니다. 이승만은 왜 외교에 목숨을 걸었고, 그 활동이 얼마나 독립에 기여했는지 들어 보죠.

첫째도 둘째도 셋째도 외교!

이승만의 첫 외교 무대는 조선이 망하기 전의 미국이었습니다. 1904년 11월이었죠. 러시아와 벌인 전쟁에서 승승장구하던 일본이 조선을 집어삼키려던 바로 그때, 청년 이승만은 인천 제물포항에서 오하이오호를 타고 미국으로 향했습니다. 대한제국 관리로부터 밀명을 받았죠.

"조선과 미국은 조약을 맺어 조선이 어느 나라의 침략을 받을 경우 미국이 도와주도록 되어 있소. 조선을 식민지로 삼으려는 일본의 계략을 무산시켜 달라고 미국에 요청하시오."

미국에 도착한 이승만은 몇 달 뒤 시어도어 루스벨트 대통령을 만납니다. 얼마나 대단한 일입니까. 아무 직책도 없는 일개 청년이 급부상하고 있는 국가의 대통령을 만나다니요. 그동안 갈고닦은 영어 실력과 외교력이 아니었다면 불가능한 일이었죠.

이승만은 루스벨트에게 조선의 사정을 설명하고 도움을 요청했습니다. 대통령은 첫 만남에서는 호의적인 반응을 보였으나 이후엔 만나 주지 않았습니다. 이승만은 실망했습니다. 하지만 그건 이승만 잘못이 아니었습니다. 당시 미국은 일본과 밀약을 한 상태였으니까요. 즉 겉으로만 조선을 도와줄 것처럼 굴었고 실제로는 일본의 조선 지배를 눈감아 주기로 했던 겁니다. 이것이 유명한 가쓰

1905년 가쓰라-태프트 밀약을 맺은 윌리엄 태프트는 1908년 대통령 선거에서 승리해 루스벨트의 뒤를 이어 미국 제27대 대통령에 취임한다. 미국의 대통령을 지낸 인물이 일본의 총리와 조선의 미래를 놓고 거래를 한 셈이다. 사진 왼쪽이 가쓰라, 오른쪽이 태프트.

라-태프트 밀약이죠. 일본 내각총리대신 가쓰라 다로와 미국 전쟁부 장관(현재의 국방부 장관) 윌리엄 태프트가 맺었습니다. 핵심 내용은 '미국은 일본이 조선을 식민지로 삼는 것에 눈감아 주고 일본도 미국이 필리핀을 식민지로 삼는 것에 간섭하지 않는다'였습니다.

이승만은 이왕 미국에 갔으니 실력을 길러야겠다고 생각합니다. 조지워싱턴 대학교와 하버드 대학교, 프린스턴 대학교에서 역사, 철학, 법학 등을 공부해 박사 학위를 받습니다. 이승만의 외교력이

외교의 귀재_이승만

빛을 발한 건 파리평화회의 때였습니다.

1919년 파리에서 1차 대전 전승국들이 모여 식민지 처리 문제를 논의한 일 기억하실 겁니다. 그 파리평화회의에 우리 목소리를 내기 위해 여운형은 김규식을 보내고, 김원봉도 다른 목적을 품고 동지를 보냈죠. 이때 미국에 있던 이승만도 파리로 가려고 미국 정부에 여권을 신청합니다. 하지만 미국은 허가하지 않았습니다. 이승만은 독립을 청원하는 글을 써서 미국 대통령 윌슨에게 보냅니다.

국제연맹이 조선을 맡아 통치해 주시길 바랍니다.

이 말은 일본 대신 국제연맹의 주도국인 미국이 조선을 통치해 달라는 뜻입니다. 하지만 미국은 청원서를 받아들이지 않았습니다. 그래도 이승만은 실망하지 않고 미국 하와이를 거점으로 삼아 외교 활동을 활발히 펼쳐 나갔죠.

그 노력은 1941년 일제가 진주만을 공격해 태평양전쟁을 일으킨 뒤 성과를 냅니다. 이승만은 30년간 미국과 관계를 맺으면서 터득한 외교 감각으로 일제가 반드시 미국에 패하리라고 확신합니다. 그래서 〈미국의 소리〉라는 방송을 통해 조선의 상황을 전하는 한편 머잖아 일본이 패망할 거라는 내용도 연일 내보냅니다. 이승만은 영국의 처칠 수상과 미국의 프랭클린 루스벨트 대통령에게 일제가 항복하면 한국을 즉각 독립시켜 달라는 편지도 보냅니다. 이런 이승만의 뜻은 비록 이루어지지 못했지만 그 역시 이승만의 잘못은 아닙니다. 한반도를 자기들이 통치하려는 강대국들의 욕심 때문이었으니까요.

일제의 패망을 내다보다

이승만은 처음부터 끝까지 초지일관 외교를 통한 독립운동을 고수했습니다. 무력 투쟁과는 담을 쌓았습니다. 1908년 샌프란시스코에서 전명운과 장인환이 "한국은 무지한 민족이니 일본의 식민지가 되는 게 낫다"고 망언한 미국인 더럼 화이트 스티븐스(Durham White Stevens)[*]를 처단했습니다. 미국의 한인들은 변호사 비용을 모으는 등 여러 방면으로 두 사람을 도울 방법을 찾았습니다. 그중 하나로 이승만에게 법정에서 통역해 줄 것을 요청합니다. 하지만 이승만은 "기독교 신자로서 살인자를 변호하는 일을 할 수 없

더럼 화이트 스티븐스 ▪▪▪▪▪▪▪
미국 외교관. 일제의 추천으로 대한제국 외교 고문이 되었다. 1908년 3월 21일 미국으로 돌아간 후 한 인터뷰에서 일본이 대한제국을 보호한 뒤로 대한제국에 유익한 일이 많고, 많은 한국인이 일본을 환영한다는 망언을 해서 독립운동가들을 격분시켰다. 미국에 있던 전명운이 먼저 저격했으나 실패했고 뒤이어 장인환이 권총 세 발을 쏴 치명상을 입혔다. 수술 이틀 뒤 사망했다. 전명운, 장인환 의거는 안중근과 윤봉길 등이 의열 투쟁을 벌이는 데 큰 영향을 미쳤다.

전명운, 장인환의 스티븐스 저격 사실을 머리기사로 전하는《더 샌프란시스코 콜*The San Francisco Call*》의 1908년 3월 24일 자 기사(위). 전명운, 장인환 모두 현장에서 체포되었다. 전명운은 증거 불충분으로 무죄로 풀려났고, 장인환은 징역 25년을 구형받고 1927년 석방되었다. 아래는 장인환의 귀국을 알린 1927년 4월 23일 자《동아일보》기사.

나는 오늘 스티븐스를 쏘았다

그는 대한제국에 대한 일본의 유혈 통치와 탄압의 원흉이며, 대한제국의 외교 고문이자 대표라는 탈을 쓰고 우리 모두의 부모님과 형제들을 죽음으로 내몬 장본인이다.

스티븐스는 대한제국 외교 고문으로 대한제국에서 월급을 받아 왔으면서도 일본의 이익을 위해 일했고, 정의를 구현하는 미국인의 역할을 해 주리라는 한국 국민의 기대를 저버렸다.

그는 미국인들이 일본의 대한제국 보호가 대한제국의 현재와 미래를 위한 최선의 방안이라고 믿도록 유도했다. 또한 한국인들이 일본의 지배하에서 행복하다고 거짓말을 했다. 그 거짓의 응보로 나는 그를 쏘았다.

나는 한민족의 응어리와 일본 정부에 대한 증오의 표현으로 그를 쏘았다. 그를 쏠 때 내가 죽은 목숨이란 걸 알았지만, 그의 거짓과 권력 남용에 크게 분노해 죽을 것을 알고도 쏘았다. 자유가 없는 삶은 무엇인가?

한국의 아버지, 어머니, 형제들이 일본 정부 요원들에 살해되고 있다는 사실을 알면서 내가 어떻게 진정할 수 있겠는가?

삶의 권리도 없이 조국의 부모와 형제들이 죽임을 당하는 것을 보면서도 그 누가 조국을 사랑하는 마음 없이 가만히 앉아 있을 수 있겠는가?

스티븐스는 대한제국 황제가 자국의 독립을 일본에 넘기는 조약에 서명하도록 강요한 사람이다. 스티븐스는 세계의 적이고 평화를 어지럽히는 사람이다. 그래서 나는 그를 쏘았다.

만약 내가 그를 죽이고 나도 죽는다면 그것은 다른 모든 지도자에게 정의롭게 다스리고, 자신의 영향력 아래 있는 사람들을 친절하고 인간적으로 대하라는 경고일 것이다.

나는 나에게 내려질 형벌에 불평하지 않을 것이고, 나의 행동이 자유를 위한 조국의 투쟁에 도움이 되리라 확신하므로 기꺼이 내 목숨을 바칠 것이다.

▎전명운이 《더 콜The Call》에 기고한 성명서

다"며 단호히 거절하죠.

안중근이 이토 히로부미를 사살했을 때는 "안중근은 국가 명예를 손상시킨 살인범이다. 일본 같은 강국과 군사적으로 맞서는 건 꿈과 같은 일이다"며 비난하고, 윤봉길 의거 때도 "그런 테러 행위는 한국 독립에 하등 도움이 되지 않는다"며 비판했습니다.

그러면서 이승만은 해방이 되는 그날까지 강대국에 독립시켜 달라고 호소하는 외교 활동을 펼쳤습니다. 어떻습니까? 이승만의 판단대로 우리는 미국과 소련이 일본군을 물리쳐 준 덕분에 해방을 맞이하지 않았습니까? 이런 걸 보면 이승만의 판단이 옳았다는 생각이 듭니다. 따라서 40년 넘게 외교 활동을 통해 독립운동을 했고 해방 후 초대 대통령을 지낸 이승만을 최고의 독립운동가이자 새 화폐 인물로 강력히 추천하는 바입니다.

일본 말고 국제연맹이 통치해 달라고?

위원장 발표 잘 들었습니다. 한 가지 여쭤 보고 싶은 게 있습니다. 처음부터 끝까지 시종일관 외교 활동을 통한 독립운동을 벌인 점은 높이 살 만한데, 독립이 어느 한 방법으로 되는 건 아니지 않나요? 폭탄을 던져야 할 때도 있고 군대를 만들어 전쟁을 벌여야 할 때도

새 지폐에는 나를 넣으시오

있는 거 아닐까요? 그런 면에서 이승만이 안중근이나 윤봉길의 의열 투쟁을 비난한 건 좀 심하지 않았나 하는 생각이 드는데.

위원　여기 지폐를 한번 봐 주십시오. 누군지 아시겠죠? 비폭력 투쟁으로 인도 독립운동을 이끌었던 위대한 지도자 간디입니다. 간디도 인도 지폐에 등장합니다. 간디가 폭력으로 독립운동을 했습니까? 폭력은 안 됩니다!

위원장　얘기가 그렇게 되나요? 아무튼 알겠고요. 위원님, 지금 이승만을 뽑자고 주장하려고 나오신 거 맞죠?

위원　당연하죠. 이승만은 후보 중 유일하게 독립운동과 대한민국 건국에 모두 관여한 인물입니다. 다른 분들보다 요건을 더 갖췄습니다.

위원장　하지만 한 가지 더 짚고 넘어가고 싶은 게 있습니다. 이른바 독립청원서를 써서 국제연맹이 조선을 통치해 달라고 한 건 좀 심하지 않았나요?

위원　심하다니요. 어차피 지배를 받을 거라면 일본보다 국제연맹이 더 낫지 않나요? 그러다가 독립을 하면 되는 거고요.

위원장　독립을 시켜 주세요 하고 요청하는 것도 볼썽사나운데, 국제연맹에 위임 통치를 요청하다니, 이건 독립운동과 거리가 멀어 보이는데요.

위원　그건 당시 국제 정세를 모르고 하시는 말씀입니다. 독립을 하고 싶다고 할 수 있는 상황이 아녔습니다. 강대국이 오케이해야 가능한 일이었죠. 그걸 가능케 하려고 수십 년간 외교 활동을 벌인 인물이 바로 이승만 박사님입니다. 이분의 진면목을 알려면 아직 멀었습니다. 계속하겠습니다.

새 지폐에는 나를 넣으시오

'천재' 소년

이 사람이 궁금하다!

이승만은 1875년 황해도 평산에서 태어났다.
어머니의 교육열이 높아 세 살 때 서울로 이사한다.
네 살 때부터 서당에 다니며 《천자문》을 익혔고,
열 살 무렵 《논어》, 《맹자》, 《시경》, 《서경》 등을 공부하며
과거 시험을 준비한다.

'천재' 소리를 들을 정도로 영민했지만 웬일인지 번번이 떨어졌다.

조선 말기에는 나라 시스템이 전체적으로 흔들렸고
시험 부정 또한 극심했기 때문에 이승만의 실력 탓은 아니었을 것이다.

1895년 갑오개혁으로 과거제가 폐지되자
이승만은 신학문을 배우기 위해 배재학당에 입학한다.

만민공동회의 스타 연사

이승만은 배재학당 졸업식장에서 졸업생 대표로 〈한국의 독립〉이라는
제목으로 영어 연설을 했는데, 발음이 유창했을 뿐 아니라 조선의 독립을
역설해 정부 고관들, 주한 외국 사절들까지 사로잡았다.

졸업 뒤에는 서재필이 주도한 **독립협회**에 참여하면서 이름을 알렸다.
당시엔 러시아를 비롯한 열강이 대한제국에서 각종 이권을 차지하기 위해
이리떼처럼 달려들던 때였다.

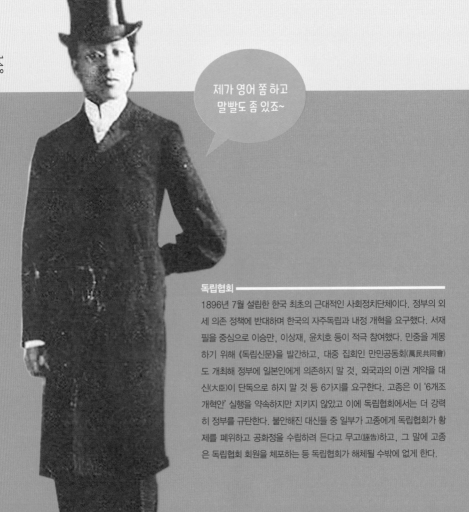

제가 영어 쯤 하고
말빨도 좀 있죠~

독립협회
1896년 7월 설립한 한국 최초의 근대적인 사회정치단체이다. 정부의 외
세 의존 정책에 반대하며 한국의 자주독립과 내정 개혁을 요구했다. 서재
필을 중심으로 이승만, 이상재, 윤치호 등이 적극 참여했다. 민중을 계몽
하기 위해 《독립신문》을 발간하고, 대중 집회인 만민공동회(萬民共同會)
도 개최해 정부에 일본인에게 의존하지 말 것, 외국과의 이권 계약을 대
신(大臣)이 단독으로 하지 말 것 등 6가지를 요구한다. 고종은 이 '6개조
개혁안' 실행을 약속하지만 지키지 않았고 이에 독립협회에서는 더 강력
히 정부를 규탄한다. 불안해진 대신들 중 일부가 고종에게 독립협회가 황
제를 폐위하고 공화정을 수립하려 든다고 무고(誣告)하고, 그 말에 고종
은 독립협회 회원을 체포하는 등 독립협회가 해체될 수밖에 없게 한다.

독립협회는 대중 집회인 만민공동회를 개최해
조선을 약탈하려는 열강을 규탄하는 한편
정부의 변화를 촉구했다. 이승만은 만민공동회에서
가두연설을 통해 스타 연사이자 '청년 혁명가'로
이름을 알리기 시작했다.

하지만 고종은 독립협회가 고종을 끌어내리고 공화정을 수립하려 한다는
허위 소문을 믿고 독립협회 회원들을 체포하고, 만민공동회도 해산시켜 버린다.

이 사건의 여파로 이승만은 소위 **고종 폐위 사건**에 연루돼 체포된다.
6년 가까운 수감 생활은 청년 이승만을 단련시킨다.

고종 폐위 사건

1898년과 1900년 박영효가 주도한 고종 폐위 시도 사건. 일본에 망명 중이던 박영효는 국내 동지들을 모아 고종을 폐위시
키고 새로운 황제를 세우려는 계획을 세웠다. 첫 번째 시도는 계획 단계에서 실패했고, 두 번째 시도 역시 거사 자금을 마련
하다 계획이 탄로 나 실패하고 말았다. 이승만은 첫 번째 사건 때 가담했다는 혐의로 개화파들과 사형을 선고받았다가 민영
환 등의 주선으로 1904년 특사로 석방된다.

감옥에서 이승만은 영어를 자유롭게 말하고 쓸 수 있게 마스터했고,
어린 죄수들에게 신학문을 가르쳐 주었으며, 자신의 독립 의지를 담은 《독립정신》이라는
책도 써 세상에 자신의 존재를 알렸다.

대중 집회인 만민공동회 모습

국내보다 외국에서 독립운동

1904년 석방된 이승만은 미국에 조선의 독립을 호소하기 위해 밀사로 파견된다. 한일병합조약 체결 직후인 1910년 10월 귀국하지만 일제의 탄압이 심해지자 1912년 다시 미국으로 떠났다. 이후 1945년 해방이 될 때까지 이국땅에서 독립운동을 펼쳤다.

3·1운동 직후 이승만은 상하이에서 수립된 대한민국 임시정부의 초대 대통령이 된다. 하지만 국제연맹에 조선을 위임 통치해 달라는 청원서를 제출한 것이 주원인이 돼 1925년 **탄핵**을 당한다. 이후 이승만은 주로 미국에서 외교력을 발휘하며 독립운동을 펼쳤다.

탄핵 ━━━━━━
탄핵이란 대통령이나 법관 등 정부 고위직 공무원을 처벌하거나 파면하는 제도이다. 이승만이 탄핵당한 이유는 크게 세 가지다. 첫 번째는 미국 대통령 윌슨에게 독립청원서를 보냈는데 조선의 독립이 아니라 국제연맹의 위임 통치를 요청했기 때문이고, 두 번째는 임시정부가 있는 상하이에서 직책을 수행하지 않고 주로 하와이에서 활동했기 때문이다. 그가 상하이 임시정부에서 활동한 기간은 단 6개월이다. 세 번째 이유는 미국 동포들이 모금한 독립운동 자금을 제대로 보고하지 않았기 때문이다. 이런 이유들로 1925년 이승만은 임시의정원에 의해 탄핵을 당했고, 이에 대한 반발로 이승만은 그 독립운동 자금을 임시정부에 보내지 않았다.

150

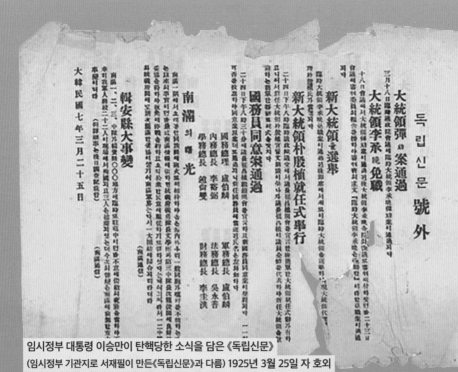

임시정부 대통령 이승만이 탄핵당한 소식을 담은 《독립신문》
(임시정부 기관지로 서재필이 만든 《독립신문》과 다름) 1925년 3월 25일 자 호외

남한 단독정부 주장

1945년 10월.
일제가 물러난 지 석 달 만에 이승만은 미국에서 귀국했다.
30여 년 만에 돌아왔지만
조국은 남과 북으로, 좌와 우로 분열돼 있었다.

1945년 12월 '모스크바 3상회의'에서 신탁 통치안(215쪽 참고)이 발표되자
남한에선 찬성하는 파(찬탁파)와 반대하는 파(반탁파)로 나뉘어 첨예하게 대립했다.
이승만은 김구와 함께 반탁 운동을 이끌었다.
그럴수록 해방 후 우리 민족 최고의 소원이자 과제인
통일정부 수립은 자꾸만 멀어져 갔다.

'남한 단독정부 수립'을 주장한
이승만의 발언을 보도한 《부산신문》
1946년 6월 6일 자 기사

1946년 6월, 전국을 돌면서
강연을 하던 이승만은
전라북도 정읍에서 폭탄
발언을 한다.

"이제 우리는 무기한 휴회된 **미소공동위원회**가
다시 열릴 기색도 보이지 않으며, 통일정부를
고대하나 여의치 않게 되었으니 이곳
남쪽에서라도 임시정부를 조직하는 것이
좋겠습니다."

미소공동위원회
모스크바 3상회의의 결정에 따라 한반도의 임시정부 수립을 지원하기
위해 미국과 소련이 개최한 회의이다. 1946~47년 사이에 두 차례 열
렸으나 양국의 입장 차이만 확인하고 아무 성과 없이 종결되고 말았다.

미국과 소련의 회의가 결렬되었으니 남한만이라도 단독정부를
수립하자는 주장이었다. 그는 자신의 뜻을 관철하기 위해 잠시 미국으로
날아가 외교전까지 펼친다.

그 사이 남과 북, 좌우가 힘을 합쳐
통일정부를 수립하려던
노력은 물거품이 되고,
유엔(UN)은 이승만의 바람대로 남한만의
단독선거를 치르기로 결정한다.
그리고 마침내 이승만이 대통령이 되었다.

대통령 취임 선서를 하는 이승만

우리의 소원은
꿈에도 통일인데,
이게 웬 난리냐,
남한만의 정부라니!

친일파 청산의 걸림돌

1945년 8월 정부 수립 이후 국회는
곧바로 친일파 청산 준비에 들어간다.
반민족행위처벌법을 제정하고, **반민특위**를 발족시켰다(78쪽 참고).
그리고 본격적으로 친일파들을 색출하기 시작했는데
이승만은 "친일파 처단보다 나라의 토대를 튼튼히 하는 일이 더 중요하다"며
달가워하지 않는다. 심지어 김원봉에게 치욕을 안긴 노덕술이
체포되었을 때는 석방하라는 압력까지 넣는다.

반민특위가 이를 거절하고 호락호락하게 굴지 않자
이승만은 '국회 프락치 사건'(75쪽 참고)을 빌미로
반민특위를 무력화했다. 친일파를 청산할 절호의 기회를
빼앗아 버린 것이다.

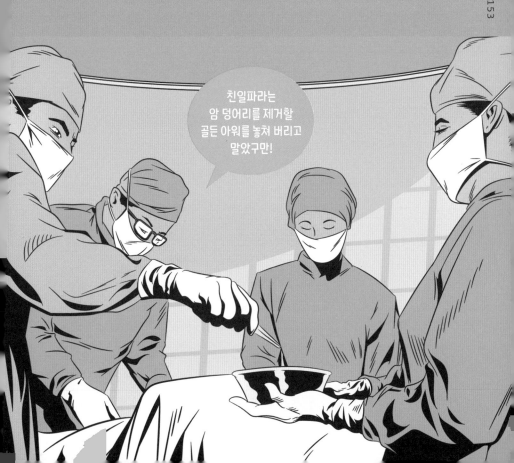

종신을 꿈꾸다 하야

대통령 이승만은 종신 집권을 바랐고
이를 위해 헌법까지 바꾼다.

사사오입 개헌 사건을 벌여 대통령을 두 번밖에
할 수 없게 한 조항을 없애는 데 성공한 것이다.

사사오입 개헌 사건 ━━━━━━
사사오입(四捨五入)이란 말은 0부터 4까지는 버리고 5부터 9까지는 올린다는 의미로 쉽게 말해 '반올림'을 뜻한다. 제헌의회는 대통령과 부통령의 임기를 4년으로 정하고 두 번까지만 연임하도록 했는데, 이승만과 자유당은 "초대 대통령에 한해 중임 제한을 없앤다"는 내용을 골자로 한 개헌안을 발의한다. 그런데 투표 결과 재적 국회의원 203명의 2/3인 136명의 찬성표가 나와야 하는데, 한 표 모자란 135표가 나온 것이다. 당황한 이승만과 자유당은 기발한(?) 아이디어를 낸다. "203의 2/3가 135.3333이니 4 이하는 버리고, 5 이상은 올리는 반올림 계산법에 의해 가결에 필요한 표는 135표면 된다"고 우기며, 법안을 통과시켜 버린 것이다. 정족수의 경우엔 135.33…보다 많아야 하기 때문에 보통 올림한 숫자인 136명이 맞다.

1960년 3월 15일 대통령과 부통령 선거가 치러졌다.
이승만과 자유당은 온갖 부정을 저질렀다.
급기야 부정선거를 규탄하는 시위가 마산, 서울 등 전국으로 번졌다.
경찰은 경무대로 향하는 학생들과 시민들을 향해 총을 쏘았다.
아무리 빨갱이 운운하며 시위를 진압하려 해도 성난 민중을 막아 낼 도리는 없었다.
결국 이승만은 하야(관직이나 정계에서 물러나는 것)를 발표했다.

며칠 뒤 이승만은 젊은 날 독립운동 근거지였고,
제2의 고향과도 같은 하와이로 망명한다.
그리고 5년 뒤 사망했다.

이승만은 사사오입 개헌안을 통과시켜 영원한
대통령을 꿈꿨지만 시민들의 저항으로 결국 하야한다.
사진은 사사오입 개헌안이 통과되자 민주당 의원 이철승이 단상에
뛰어올라 국회부의장 최순주의 멱살을 잡으며 항의하는 장면.

친일파와 손잡고, 국민은 버리고

위원장　긴 이야기 잘 들었습니다. 제가 가급적이면 위원님들 발표 때 개입을 안 하려고 하지만, 이분은 대통령이 되고 나서 몇 가지 과오를 저지르지 않았나요? 가령, 친일파 처리를 제대로 못했다든가, 부정선거를 저질러 대통령 자리에서 쫓겨나……

위원　위원장님, 잠시만요. 저도 압니다. 신이 아닌 이상 완벽한 인간이 어디 있겠습니까. 잘한 것이 있으면 잘못한 것도 있는 법이죠. 하지만 공과를 엄밀히 따져 본 후 평가해야 하지 않을까요?

위원장　제 말이 바로 그겁니다. 이분은 화폐 인물로 삼기에는 몇 가지 문제가 있어 보입니다. 첫 번째, 친일파 청산을 제대로 하지 않은 겁니다. 정부 수립 이후 국민이 가장 원한 게 친일파 청산이었습니다. 일제 강점기 35년 동안 쌓이고 쌓인 친일 적폐를 청산해야만 새로운 대한민국이 될 수 있다는 생각에서였지요. 이런 바람이 반영돼 국회에서 반민족행위특별조사위원회(이하 반민특위)가 발족했죠. 반민특위는 이광수와 노덕술 등 친일파 검거에 나섰습니다. 하지만 반민특위는 얼마 못 가 경찰에 습격당해 해체됩니다. 대통령 이승만은 이를 방관, 묵인했습니다. 그 탓에 이후 친일 청산은 물 건너갔고, 그때 청산하지 못한 친일파가 70년 넘게 우리 사회 권력층을 이루어 더 정의로운 사회로 나아가지 못하는 거 아닌가요?

대통령 이승만의 가장 큰 오점은 친일파를 청산하지 않은 것이다. 친일파 청산을 위해 조직된 위원회가 공권력에 공격받을 때도 묵인했다. 사진은 친일파를 고발하도록 만든 투서함.

위원 그렇긴 합니다만 해방 직후엔 당장 나랏일을 맡아 할 사람이 없었잖습니까? 경찰이든 검사든 그 일을 했던 사람들을 다시 써서 국정을 이끌어 갈 수밖에 없었을 거라고 봅니다. 일제 때 관리였다고 해서 다 자르면 나랏일을 누가 봅니까? 또 하나 어쩔 수 없이 일제에 협력했던 사람까지 친일파라고 청산하면 국민 통합이 이뤄질까요? 따라서 해방 직후 정부에 친일파를 등용한 건 친일파든 독립운동가든 따지지 않고 국민을 하나로 모으려는 이승만의 깊은 뜻이 아니었을까 생각합니다.

위원장 아, 그걸 그렇게 보시는군요. 그렇다면 6·25전쟁 때 처신은 어떻게 보시나요?

위원 무슨 처신을 말씀하시는 건가요?

위원장 1950년 6월 25일 새벽 북한군이 쳐들어오자 이승만은 홀로 서울을 빠져나갔고 대전에 이르러 라디오 방송으로 "우리 국군이 북한군을 잘 막아 내고 있으니 서울 시민들은 안심하고 생계에 종사하라"고 거짓말을 했죠. 다음 날 새벽 한강 다리를 폭파했고요. 그 때문에 다리를 건너던 수많은 시민이 목숨을 잃었고, 피난을 못 간 사람들은 인민군 치하에서 석 달을 고생해야 했습니다. 이승만은 부산으로까지 피난을 가 있었고요. 나라를 대표하는 대통령이 할 행동들은 아니지 않나요?

위원 자꾸 그 말씀을 하시는 분이 많은데요, 생각해 보십시오. 한강 다리를 끊지 않았다면 북한 괴뢰군이 더 빨리 남쪽으로 내려왔을 거 아닙니까. 그럼 나라가 어떻게 됐겠습니까? 망하지 않았을까요. 그러니 그건 불가피한 조치가 아니었나 생각합니다. 실제로 다리를 폭파한 덕분에 시간을 벌 수 있어 유엔에 파병을 요청할 수 있었고, 인천상륙작전으로 전세도 뒤집지 않았습니까. 임진왜란 때 선조가 의주로 피난 가서 명나라에 파병을 요청해 나라를 구한 경우와 같죠.

이승만은 6·25전쟁이 터지자 자신은 남쪽으로 피난을 가고 북한군의 남하를 막기 위해 한강 인도교를 폭파했다. 이 때문에 다리를 건너던 수많은 시민이 목숨을 잃었다. 사진은 1948년 6월 28일에 폭파된 다리. 2020년 폭파 현장에 '한강 인도교 희생자 위령비'를 세웠다.

두 번 탄핵당한
대통령

위원장 아, 그걸 그렇게 해석하는군요. 좋습니다. 그렇다면 이 문제는 어떻게 설명하시겠습니까? 임시정부 때 한 번, 3·15부정선거로 한 번, 두 번씩이나 대통령 자리에서 쫓겨난 인물을 왜 우리나라를 대표하는 화폐에 넣어야 하죠?

위원 맞습니다. 이승만은 1960년 대통령·부통령 선거에서 사전투표, 투표함 바꿔 치기 등 창의적인(?) 방법으로 불법을 자행했습니다. 이에 항의하는 시위가 마산, 서울 등 전국으로 번져 마침내 4·19혁명이 일어났죠. 이때 경찰이 시위 군중에게 총을 쏴 186명이 숨지고 말았죠. 그러나 뭐 이승만은 사태의 책임을 지고 대통령 자리에서 과감히 물러나 하와이로 떠나지 않았습니까? 결코 자리에 미련을 두지 않았죠. 이것만 봐도 이승만이 얼마나 권력에 연연하지 않은 인물인지 알 수 있습니다. 따라서 화폐 인물로 선정하는 데 전혀 문제가 되지 않는다고 생각합니다.

위원장 그걸 또 그렇게 해석하는군요. 좋습니다. 발표 잘 들었습니다. 다음 인물로 넘어가죠.

위원 잠깐만요. 이승만을 화폐 인물로 정해야 할 역사적인 이유가 있습니다.

이승만은 두 번이나 대통령 자리에서 물러나야 했다. 사진은 이승만의 하야 성명이 나오자마자 시민들이 밀어뜨린 탑골공원의 이승만 동상.

이승만은 이미 화폐에 등장한 적이 있다.
이승만이 들어 있는 다양한 화폐들.

위원장 역사적인 이유라고요? 그게 뭔가요?

위원 우리나라 화폐에 등장하는 인물은 모두 이씨입니다. 세종대왕 이도, 율곡 이이, 퇴계 이황 모두 이씨고, 신사임당도 이씨 집안에 시집왔으니 이씨 집안사람이고요. 이승만도 이씨잖아요. 사실 이승만은 이미 우리나라 화폐에 등장한 적이 있습니다. 그러니 '구관이 명관'이라는 말이 있듯이 한 번 화폐에 들어간 적이 있는 이승만으로 다시 정하는 것이 순리에 맞다고 생각합니다. 아 그리고 동

전에 있는 '이'삭도 이씨네요. 이런 역사와 전통을 이어받아 이씨인 이승만을 화폐 인물로 다시 정해야…

위원장 위원님, 적당히 좀 하세요. 다음으로 넘어갑시다!

새 지폐에는 나를 넣으시오

한 손엔 펜,
한 손엔 무기

우리 역사를 우리 눈으로 보게 한

신채호

신채호의 기억력이 좋냐 아니냐는
중요한 문제가 아닌 것 같고요. 중요한 건
역사에 대한 그의 생각입니다.
단군에서 시작해 부여와 고구려를
거쳐 이어지는 웅장한 우리 역사를 자주적인
시각으로 펼쳐 보였다는 점이 중요하죠.

위원장　이승만 발표 잘 들었습니다. 다음 인물은 누군가요?

위원　날카로운 신문 논설과 역사 평론으로 민중의 가슴에 뜨거운 애국심과 독립정신을 불어넣었으며 일제와 결코 타협하지 않고 싸우다 순국한 역사가 신채호입니다.

위원장　아, 신채호요? "역사를 잊은 민족에게 미래는 없다", 그 말씀 하신 분, 맞죠?

위원　많은 사람이 그렇게 알고 있는데, 신채호가 꼭 그렇게 말한 건 아니고요, 그런 취지로 어느 신문 사설을 쓴 건 사실입니다. 이렇게 보면 그분 말이라고 해도 무방하겠죠. 이제 제가 왜 이분을 최고의 독립운동가이자 화폐 인물로 주장하는지 말씀드리겠습니다.

위원장　네, 바로 들어 보지요.

위원　신채호는 역사가이자 독립운동가입니다. 역사가로서 쓴 대

우리 역사를 우리 눈으로 보게 한 _ 신채호

표적인 책이 《조선상고사》인데요, 이 책은 단군부터 시작해 부여, 고구려, 백제, 신라 등으로 이어지는 우리 역사를 자주적인 시각으로 다루고 있습니다. 학자라고 해서 책 읽고 글만 쓴 건 아닙니다. '의열단 선언'으로 불리는 〈조선혁명선언〉을 썼고, 직접 무력 투쟁도 벌였지요.

추천 인물	신채호
출생과 사망	1880년 충남 대덕 출생~1936년 뤼순 감옥에서 순국
주요 활약	무력 투쟁을 하고 《조선상고사》, 〈조선혁명선언〉 등을 집필

위원장 무척 흥미로운 캐릭터군요. 한 손엔 펜, 한 손엔 폭탄, 뭐 이런 건가요? 알겠습니다. 신채호가 어떻게 독립운동을 했는지, 왜 그를 화폐 인물로 정해야 하는지, 발표해 주시지요.

위원 발표 전에 이분이 많은 명언을 남겼는데, 그중 하나를 더 소개해 드릴까 합니다. 신채호가 초기 임시정부에 몸담고 있을 때 일입니다. 오늘날 국회에 해당하는 임시의정원이 이승만을 대통령으로 선출하자 다음과 같은 말을 하면서 불같이 화를 냅니다.

"미국에 위임 통치를 요청한 이승만은 이완용보다 더 나쁜 사람이오. 이완용은 있는 나라를 팔아먹었지만, 이승만은 없는 나라를 팔아먹었소!"

그러고는 이회영과 함께 임시정부를 떠났죠. 이승만이 미국에 위임 통치를 요청했다는 건 앞의 〈이승만〉 편에서 이승만이 '일본 대신 국제연맹이 조선을 맡아 통치해 달라'는 편지를 쓴 걸 가리킵니다.

위원장 저기, 위원님, 이승만 얘기는 앞에서 다 해 주셨습니다. 여기서 더 안 하셔도 될 것 같습니다. 본론으로 들어가 주시지요.

위원 알겠습니다. 외교를 통한 독립을 신채호가 얼마나 가당치 않게 여겼는지 말씀드리려다 보니……. 한 말씀만 더 드리죠. 이승만은 상상을 초월하는 권력욕으로 가는 곳마다 분열을 일으켜서 독립운동을 어렵게 하고…….

위원장 위원님, 잠시만요. 제가 위원님들 발표 때 가급적 개입을 안 하려고 한다고 이미 말씀드렸는데요, 안 할 수가 없군요. 여덟 분 추천이 모두 끝나면 따로 비평 시간 드릴 테니까 지금은 본인이 맡은 인물에 대해서만 발언해 주시길 간곡히 부탁드립니다.

위원 알겠습니다. 지금 한국과 일본은 어느 때보다 사이가 좋지 않습니다. 일본은 끊임없이 독도가 자기네 땅이라고 우기고, 경제 보복으로 우리를 어렵게 하고 있습니다. 이럴 때 꼭 필요한 게 '마음'입니다. 애국심 그리고 일본과 맞붙어도 지지 않는다는 확신 같

우리 역사를 우리 눈으로 보게 한_신채호

은 거요. 그 마음을 불러일으킬 적임자가, 칼보다 강한 펜으로 일제를 떨게 한 조선 최고의 문장가 신채호입니다.

의열단의 바이블
〈조선혁명선언〉 집필

1922년 12월 어느 날, 의열단장 김원봉이 베이징에 있는 신채호를 찾아옵니다. 김원봉이 누군지는 따로 말씀 안 드려도 되겠죠? 김원봉은 명쾌한 논설로 일제를 박살 내는 신채호를 이미 존경하고 있었고, 신채호는 맹렬하게 의열 투쟁을 벌이고 있는 김원봉을 마음속으로 아끼고 있었습니다. 김원봉이 신채호를 찾은 건 한 가지 고민을 해결하기 위해서였습니다.

'암살과 파괴만이 능사가 아니다. 행동만 있고 선전이 뒤따르지 않으면 민중은 행동으로 나타난 결과만 보고 그 투쟁 속에 들어 있는 정신은 이해하지 못할 것이다. 투쟁과 함께 선전과 계몽이 반드시 있어야 한다. 그렇다면 의열단의 정신을 밝혀 줄 선언문이 필요한데, 누구에게 부탁해야 하나?'

이런 고민 끝에 김원봉이 찾은 인물이 바로 신채호입니다. 당시 신채호는 생활비를 벌기 위해 중국 신문에 논설을 쓰고 있었습니

언제까지 만세만 부르고 있을 것인가. 신채호는 무력엔 무력으로 맞서야 한다는 의열단의 뜻에 함께했고, 그 투쟁이 왜 정당한지 〈조선혁명선언〉을 써 밝혔다.

다. 명성이 대단했습니다. 신채호 때문에 신문이 더 판매됐을 정도니까요.

김원봉이 신채호에게 말합니다.

"선생님, 저희가 상하이 공장에서 폭탄을 만들고 있습니다. 같이 가서 한번 구경해 보지 않으시겠습니까? 가신 김에 저희 의열단 선언문도 좀 써 주시고요."

신채호는 흔쾌히 승낙합니다. 의열 투쟁에 관심이 많아서 폭탄을 어떻게 만드는지 궁금하던 차였습니다. 신채호는 공장을 둘러본

우리 역사를 우리 눈으로 보게 한_ 신채호

후 상하이의 한 여관방에 틀어박혀 선언문을 쓰기 시작합니다.

마침내 한 달여 만에 신채호는 6400여 자로 된 〈조선혁명선언〉을 완성합니다. 이 선언문은 평화 시위를 호소하던 3·1운동 독립선언문과는 전연 차원이 달랐습니다. 문장은 한없이 유려했지만 내용은 강력했죠.

선언문을 받아든 김원봉은 첫 문장만 읽고도 벌렁거리는 심장과 흘러내리는 눈물을 주체할 수 없었습니다. 그토록 자신이 표현하고 싶었으나 하지 못했던 말들이 쓰여 있었기 때문이죠.

> 강도 일본이 우리의 국호를 없애고, 정권을 빼앗았으며, 생존의 필요조건을 다 박탈하였다. 3·1운동 이후 우리의 촌락을 불사르고, 재산을 약탈하고, 조선 민족의 목을 끊고, 산 채로 묻어 죽였다. 이러한 사실에 의거하여 우리는 일본의 강도 정치가 우리 조선 민족 생존의 적임을 선언하는 동시에, 혁명 수단으로 강도 일본을 살벌하는 것이 곧 우리의 정당한 수단임을 선언하노라.

이승만의 외교 독립에 일침

김원봉은 쿵쾅거리는 심장 소리를 들으며 계속 선언문을 읽어 내려

신채호는 강대국에 기대 독립하려는 이승만의 주장에도 반대했다.
민중이 직접 무력 투쟁을 벌여 나라를 되찾아야 한다고 보았다.
사진은 일제에 저항하다 처형된 조선인들.

갔습니다.

독립을 주장하는 자 가운데 외교론을 논하는 자가 있다. 실력을 길러 준비를 하자는 준비론자도 있다. 군인도 없고 무기도 없이 무엇으로 전쟁을 하겠느냐? 실로 한바탕의 잠꼬대가 될 뿐이다. 우리는 외교나 준비 등의 헛된 꿈을 버리고 민중의 직접 혁명으로 일제와 싸울 것을 선언하노라!

어느덧 마지막 장에 이르렀습니다.

우리 2천만 조선 민중은 일치단결된 폭력과 파괴의 길로 나아갈지니라. 민중은 우리 혁명의 대본영이며, 폭력은 우리 혁명의 유일한 무기이다. 우리는 민중과 손잡고 끊임없는 암살, 파괴, 폭동으로써 강도 일본을 타도하고, 우리 생활에 불합리한 모든 제도를 개조하여, 인류로서 인류를 압박하지 못하며, 사회로서 사회를 수탈하지 못하는 이상적 조선을 건설할지니라!

김원봉은 흥분을 가라앉히곤 생각했습니다.
'〈조선혁명선언〉에는 의열단이 폭탄을 던지는 그 행위의 정당성과 의열단의 정신, 앞으로 나아가야 할 방향이 모두 담겨 있다!'

김원봉은 즉시 선언문을 인쇄해 모든 의열단원에게 나누어 주었습니다. 단원들은 선언문을 마치 종교의 경전처럼 외웠고, 거사를 일으킨 뒤에는 반드시 그 자리에서 선언분을 뿌려 자신의 정당성을 당당하게 드러냈습니다.

〈조선혁명선언〉을 집필한 이후 신채호의 명성은 더욱 높아졌습니다. 하지만 이 선언문은 신채호 인생의 한 부분을 보여 주는 것에 지나지 않습니다. 그에게는 일생을 걸어 이뤄 내고 싶은 목표가 있었습니다. 바로 잘못 쓰인 우리 역사를 바로잡아 민족정기를 되살리는 일이었죠. 역사를 잊은 민족에게 내일은 없다! 지금도 우리에게 역사의식을 불러일으키는 인물, 신채호를 새 화폐 인물로 정해야 합니다.

"우리가 옳다"

위원장 "우리는 민중과 손잡고 끊임없는 암살, 파괴, 폭동으로써 강도 일본을 타도하고"……. 아, 이분 참 과격한 선비 같군요. 짧으면서 인상적인 발표 잘 들었습니다. 의열단원들이 신채호가 쓴 선언문을 가슴에 품고 다니며 열심히 폭탄을 던지게 됐다, 이런 말씀이죠?

우리 역사를 우리 눈으로 보게 한_ 신채호

위원 맞습니다. 우리가 왜 폭탄을 던지지? 던지는 게 맞나? 던진다고 독립이 될까? 하고 의문을 품은 의열단원들에게 확신을 심어준 거죠. 너희가 옳다, 잘하고 있다, 더 열심히 던져라!

위원장 아, 역시 과격… 아니, 그보다는 결연한 태도라고 봐야겠군요. 의연한 분으로도 보이고요.

위원 네. 중국 신문에 논설을 쓸 때 이런 일이 있었습니다. 신문사에서 신채호에게 묻지도 않고 논설의 글자 하나를 뺀 겁니다. 그러자 그 길로 논설을 중단해 버리죠. 중국인들은 자신들이 조선인보다 우월하다고 생각해서 그랬다고 여긴 겁니다. 신문사 사장이 몇 번이나 찾아와서 용서를 구했지만 소용없었습니다. 신채호는 사장을 크게 꾸짖고 다시는 그 신문에 글을 보내지 않았죠. 그 때문에 생활비가 떨어져 궁핍한 생활을 해야 했지만 차라리 가난을 감수하는 쪽을 택합니다.

위원장 아, 정말 강직한 지식인이군요. 점점 더 어떤 인물인지 궁금해지는데요?

위원 그래서 제가 준비했습니다. 보시죠.

소문난 '신동'

신채호는 1880년 충남 대덕에서 태어났다.
여덟 살에 아버지를 여의고, 할아버지가 사는
충북 청원군 낭성면으로 옮겨 와 살았다.
할아버지는 사간원 관리를 지낸 유학자였는데,
어린 손자를 가혹하리만큼 무섭게 가르쳤다.

손자는 할아버지의 기대에 부응했다.
아홉 살에 중국 역사서 《자치통감》을 떼고,
열 살에 한시를 짓고, 열네 살에 사서삼경을 읽어
일대에서 '신동' 소리를 들었다.

할아버지의 가르침 중 독특한 것이 있는데, 바로 속독법이었다.
그 덕분에 신채호는 수백 권의 책을 빠르게 흡수할 수 있었다.

쟤가 그렇게 빨리 책을 읽는다며?

한 번 슥 보곤 좔좔 외운다잖아. 저런 애가 천재지 뭐야?

175

독특한 독서 습관

1898년 신채호는 성균관에 들어간다.
성균관에서 그는 굶주린 사람처럼 닥치는 대로 책을 읽어 나갔다.
그런데 책 읽는 모습이 독특했다.
"아니, 책장을 그리 휙휙 넘기면 머리에 남기나 하겠나?"
친구의 타박에 신채호가 바로 책 내용을 좔좔 읊자 친구는 할 말을 잃었다고 한다.
성균관장도 신채호의 명민함을 인정했다.
"나를 이해하는 사람은 오직 자네뿐이네."

가난해서 책을 살 수 없던 신채호는 틈만 나면 종로로 나갔다.
책방에서 종일 책을 빼서 읽고 넣고 하면서 책을 외워 나갔다.
새로운 지식에 대한 갈증과 가난,
어려서 익힌 속독법이 만들어 낸
독특한 독서 습관이었다.

일제 강점기에 서점은 민중 계몽 활동의 중심지였다.
사진은 최초의 근대식 서점인 회동서관.

펜으로 일제에 맞서다

성균관 박사가 된 신채호는 장지연이 운영하는 《황성신문》을 거쳐
양기탁의 권유로 배일사상을 고취하던 《대한매일신보》의 주필이 되었다.
신채호는 날로 심해지는 일제의 침략 야욕을 매섭게 꾸짖는 한편,
민족의 마음을 하나로 집결시킬 '영웅' 이야기에 관심을 기울였다.

수나라 백만 대군을 물리친 을지문덕,
일본군과 홍건적을 격퇴한 최영 장군,
일본군의 침략을 막아 낸 이순신 장군 등
외세를 물리친 역사적 인물들의 전기를 지어
우리 민족에게 자긍심과 나라를 되찾을 용기를 북돋아 주었다.
하지만 그것으로 기울어 가는 나라를 구원할 수는 없었다.

대한매일신보

국난 극복과 배일사상 고취를 목적으로 영국인 베델(한국 이름은 배설)을 발행인 겸 편집인으로 하여 1904년 7월 18일 창간된 신문. 일제의 간섭을 피하려고 영국인을 사장으로 내세운 것이다. 역사가 박은식과 신채호 등이 주필과 필자로 참여하여 민족의식을 일깨우는 사설을 많이 실었다. 이 때문에 일제는 이 신문을 눈엣가시로 여겼고, 발행인 베델을 국외로 추방했다. 일제는 강제 병합 이후 신문 이름에서 '대한' 두 자를 떼어 버렸고, 《매일신보》를 총독부 기관지로 삼았다. 해방 뒤 《서울신문》으로 이름이 바뀌었다.

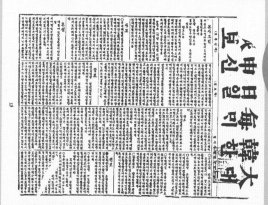

언젠가 베델 사장이 신채호에게 당신은 세계적인 대학자가 될 수 있으니 미국으로 유학 보내 주겠다고 제안한 적이 있답니다. 그때 신채호는 "나라 꼴이 이 모양인데 유학은요" 하며 거절했다고 하네요.

《대한매일신보》 1904년 8월 4일 자. 맨 위 도입부에 '영어와 한글을 섞어 매일 출판'한다고 쓰여 있다. 신채호 등이 주필로 활동했고, 배일사상이 뚜렷한 신문이었다.

나라를 되찾을 무기는 '역사'

나라의 운명을 예감한 신채호는
대한제국이 일제에 강제 병합되기 몇 달 전,
안창호와 함께 중국으로 망명했다.
당시 보퉁이 속엔 조선 영조 때 실학자 안정복이 지은 《동서강목》이 있었다.
이 책은 단군조선부터 고려 말까지의 역사를 자주적인 관점에서 쓴 역사책이다.
신채호에게 잃어버린 나라를 되찾을 무기는 '역사'였다.

1914년 신채호는 서간도로 향한다.
민족계 학교인 동창학교를 설립한 윤세용이 교사로 초청한 것이다.
한국사를 가르치면서 신채호는 뜻밖의 기회를 얻는다.
1년여 동안 그 일대의 고구려, 발해 고적지를 답사한 것이다.
그 덕분에 부여, 고구려, 발해 중심의 한국 고대사를 체계화했고
그 역사를 복원해야겠다고 다짐하게 된다. 신채호는 감탄했다.

"내 비록 시간과 돈이 없어 겉으로밖에 돌아보지 못했지만 그것만으로도 고구려의
종교와 예술, 문화와 경제력이 어떠한지 눈앞에 훤히 드러나는 것 같구나. 고구려
유적을 직접 한 번 보는 것이 김부식이 쓴 《삼국사기》를 만 번 읽는 것보다 낫다."
_《조선상고사》에서

우리가
좀 멋이 있습니다.
역사의식도
있습니다.

역사학자 정인보는 신채호를 조선 최고의 역사가로 평했다.
(사진 왼쪽부터) 신채호, 신석우(독립운동가), 신규식(독립운동가).

우리 역사는 우리 시각으로!

그런데 신채호는 **왜 《삼국사기》를 콕 집어 말했을까.**
중국 사대주의 관점에서 쓰였기 때문이다.
특히 신라와 통일신라 역사에 비중을 둠으로써
고구려를 필두로 하는 중국 동북 지역과 요서 지방에서의
우리 역사를 소홀히 다루어,
우리의 역사 무대를 한반도 안으로 쪼그라들게 했다고 보았다.

사대주의

신채호는 김부식을 사대주의자라며 비판했다. 사대주의란 자기보다 강한 나라에 의존하거나 복종하는 성향을 말하는데, 김부식이 바로 중국에 그런 의식을 가지고 있었고, 그런 생각으로 《삼국사기》를 편찬해 우리 역사를 망쳐 놨다고 봤기 때문이다. 다른 이유도 있다. 김부식이 서경 천도 운동을 진압했기 때문이다. 묘청이 고려 수도를 개경에서 서경(평양)으로 옮겨 금나라를 정복하자며 난을 일으켰을 때, 이를 진압한 인물이 김부식이다. 신채호는 서경 천도 운동을 자주적이고 진취적인 운동으로 보았는데, 김부식이 이를 진압하여 이후 우리 역사가 사대주의로 흐르게 됐다고 본 것이다.

신채호는 《조선상고사》 연재 전에 1924년부터 《동아일보》에 《조선사 연구초》를
연재한다. 《조선사 연구초》는 여섯 편의 논문을 엮은 것인데, 여기에 묘청의 난에 관한
〈조선역사상일천년래제일대사건(朝鮮歷史上一千年來第一大事件)〉도 포함돼 있다.
이 글에서 신채호는 묘청과 그가 일으킨 난을 재평가한다.

(…) 이(서경) 전역(戰域)에서 묘청 등이 패하고 김부식이 승리하였으므로
조선의 역사가 사대적·보수적·속박적 사상, 즉 유교 사상에 정복되고 말았거니와,
만일 이와 반대로 김부식이 패하고 묘청 등이 승리하였더라면
조선사가 독립적·진취적 방면으로 진전하였을 것이니, 이 전역을 어찌
'일천년래제일대사건(一千年來第一大事件)'이라 하지 아니하랴.
_《조선사 연구초》에서

신채호는 묘청을 단순한 반란자가 아니라 자주적이고
진취적인 정치가로 보았다. 이런 그가 김부식에
진압되면서 이후 우리 역사가 중국 사대주의로
흐르게 됐다고 지적한다.

1915년 신채호는 이회영의 권유로 베이징으로 간다. 베이징의 여러 도서관을 드나들며 우리 역사와 관련된 중국 역사책을 빠짐없이 찾아 읽으면서 《조선상고사》 집필을 구상한다. 그리고 틈틈이 쓰기 시작해 옥중에 있던 1931년 《조선일보》에 연재한다. 글은 다음 문장으로 시작된다.

"역사란 무엇이뇨? 인류 사회의 '아(我)와 비아(非我)'의 투쟁이 시간부터 발전하며 공간부터 확대하는 심적 활동의 상태의 기록이니…"

수십만 독자가 열광했다!

신채호는 《조선상고사》로 알려진 '조선사'를 1931년 6월부터 《조선일보》에 연재한다. 연재를 알리는 10일 자 기사(위)에 〈조선사 강의〉가 본보에 연재된다고 한번 발표되자 세상의 비상한 주목을 끌게 되었다'는 기사가 보인다. 아래는 1회 연재 글.

"직접 혁명"을 원한다

신채호는 상하이 임시정부에서
오늘날로 치면 국회의원인 임시의정원이 된다.
하지만 임시정부에서 오래 활동하지는 않는다.

〈조선혁명선언〉에서도 확인할 수 있듯이
"민중의 직접 혁명"을 주장했던 그로서는
다른 나라에 위임 통치를 요청한 이승만을
도저히 동지로 받아들일 수
없었던 것이다.

이완용은 있는 나라를
팔아먹었지만, 이승만은
없는 나라를 팔아먹었소.
그런 작자가 임시정부 대통령이라니,
이건 말도 안 되는 일이오!

의열단의 요청으로 〈조선혁명선언〉을 쓴 신채호는
민중과 더불어 일제를 타도하기 위해 행동에 나섰다.
중국, 대만, 일본, 인도, 필리핀 등의 무정부주의자들과 연대해
무장 투쟁을 벌일 계획이었다.
그러자면 활동 자금이 필요했고
이를 위해 위조 채권을 만들기로 한다.
하지만 뜻을 이루지 못하고
1928년 대만에서 일본 경찰에 체포된다.

법정에서 판사가 사기가 나쁘다고 생각지 않느냐고 물었을 때
신채호는 이렇게 대답했다.

"우리 동포가 나라를 찾기 위해 취하는 수단은 모두
정당한 것이니 사기가 아니며, 민족을 위한 것이라면
도둑질이라도 나는 부끄러움이나 거리낌이 없다."

신채호는 10년 형을 선고받고, 뤼순 감옥에 수감된다.

"왜놈들이 밟지 않게 화장해 다오"

감옥에서 고문과 힘든 노역, 추위와 굶주림에 시달리면서도
신채호는 《조선상고사》 집필에 매진했다.

신채호와 함께 독립운동을 했던 역사학자 정인보는 신채호를 이렇게 평했다.

"다른 사람이 늘 보며 아무것도 발견해 내지 못하는
책에서도 신채호는 한번 쓱 보고는 놀라운 발견을
해낸다. 그는 만 갈래가 엉켜 있는 실 뭉치를 푸는
것처럼 복잡한 과거 기록을 귀신같이 풀어낸다."

하지만 시간은 신채호를 기다려 주지 않았다.

뤼순 감옥 내부.
수감자를 너무 욱여넣어
제대로 눕기도 어려웠다고 한다.
뤼순 감옥에서 안중근,
이회영도 옥사했다. ⓒ 이종원

1936년 2월, 신채호는 안중근이 교수형을 당한 뤼순 감옥에서,
평생의 동지였던 이회영이 모진 고문 속에 숨진 옆방에서 쓰러졌다.

"내가 만약 죽으면 시체가 왜놈들의 발끝에 채이지 않도록 화장해 바다에 뿌려 주게."

신채호는 출감하면 《조선상고사》의 부족한 부분을 고치고,
조선 시대 당쟁 이야기와 가야 역사를 쓸 계획이었다.
그 이야기들은 조선에서 자신밖에 쓸 사람이 없다며
꼭 써야겠다고 말했다고 한다.

신채호가 감옥에서 나와 역사책을 더 많이 썼다면
우리 역사 연구의 역사가 바뀌었을 거라며 아쉬워하는
사람이 많다.

역사책을 더 쓰고
싶었는데…

신채호가 감금되었던 35호실. 병세가 악화되자
형무소에선 돈을 내면 석방시켜 주겠다고 제안했다.
신채호의 친척이 돈을 마련해 형무소로 갔지만,
신채호는 거부한다. 그가 친일파라는 이유에서였다.

ⓒ 이종원

아무것도 두려워하지 않는 눈빛

위원장   신채호가 그런 분이셨군요. 인상만 봐서는 잘 모르겠는데요.

위원   그럴 수도 있습니다. 신채호를 가까이서 본 사람의 말도 그렇습니다. 우리나라 최초의 근대 장편소설로 평가받는 《무정》을 쓴 이광수는 선생의 첫인상을 이렇게 표현했습니다.

> 선생은 하얀 얼굴에, 코밑에 까만 수염이 난 극히 초라한 샌님이었다. 풍채도 그리 좋은 편이 아니었다.

그런데 다음 문장이 인상적입니다.

> 오직 비범한 것은 그의 눈이었다. 아무의 말도 듣지 않고 아무것도 두려워하지 않는다는 이상한 빛을 가진 눈이었다.

위원장   소설가다운 인상평이네요. "아무의 말도 듣지 않고 아무것도 두려워하지 않는다는 이상한 빛을 가진 눈"이라······.

위원   정말 그랬던 것 같습니다. 신채호의 강직함을 보여 주는 재미난 일화가 있습니다. 신채호는 빳빳이 서서 세수를 했답니다. 자연 옷과 바닥이 물에 젖어 본인은 물론 옆에서 보는 이도 여간 불편한 게 아니었죠. 보다 못한 친구가 "허리를 숙이고 세수하면 옷도 안 적시고 좀 좋아?" 하니 신채호는 "이게 어때서 그런가?" 하면서 그대로 했다죠.

위원장 아, 그분 왜 그러신 거예요?

위원 일제에 고개를 숙이지 않겠다! 그런 뜻이랍니다.

위원장 그것참, 대단하시네요. 역사가로서 신채호는 어땠나요? 천재 역사가 천재 역사가 하는데, 어떤 점이 그런가요?

위원 앞서 정인보 선생이 평했듯이 남들이 보지 못하는 것을 보는 안목이 있고, 만 갈래가 엉켜 있는 실 뭉치를 풀 듯이 복잡한 것을 술술 풀어내는 능력이 탁월해서죠. 그리고 저는 신채호를 연구한 역사학자에게서 신채호가 얼마나 기억력이 뛰어난지에 대해서도 들은 적이 있습니다. 이분이 《조선상고사》를 보는데 인용한 문장들 중에서 한두 군데가 잘못되었더랍니다.

위원장 천재 역사가라면서 어떻게 그런 오류를.

위원 그분 말씀이 이래요. "신채호 선생은 중국 역사책을 거의 외우고 있었던 것 같습니다. 중국 역사책을 펼쳐 놓고 그대로 인용했다면 그런 일은 없을 테니까요."

위원장 외우고 있는 것을 인용하는 과정에서 작은 실수가 생긴 것이다, 이 말씀이군요.

우리 역사를 우리 눈으로 보게 한 _ 신채호

위원 그렇습니다. 그런데 신채호의 기억력이 좋냐 아니냐는 중요한 문제가 아닌 것 같고요, 중요한 건 역사에 대한 그의 생각입니다. 단군에서 시작해 부여와 고구려를 거쳐 이어지는 웅장한 우리 역사를 자주적인 시각으로 펼쳐 보였다는 점이 중요하죠.

위원장 아, 네 알겠습니다. 이제 마지막 분을 만나 보지요.

새 지폐에는 나를 넣으시오

삼팔선을 베고 쓰러질지언정 통일을 포기하진 않겠다

임시정부의 마지막 주석

김구

김구는 통일운동의 상징으로
알려져 있지만 되레 해방 후
임시 통일정부를 세우는 데
방해가 되었다고 지적하는
학자도 있던데, 어떻게
생각하시나요?

위원장　신채호 발표 잘 들었습니다. 인상이 강렬한 분이군요. 마지막 인물 만나 보겠습니다. 누군가요?

위원　네 소원이 무엇이냐?

위원장　저요? 지금 저보고 너라고 하신 거예요?

위원　위원장님께 여쭤 본 게 아니고요, 김구 얘기를 하려는 겁니다. "네 소원이 무엇이냐고 하나님이 물으시면 첫째도, 둘째도, 셋째도 '대한 독립'이라고 말할 것이다!" 이렇게 말한 독립운동의 아버지, 임시정부의 상징, 통일운동의 화신, 백범 김구 말입니다.

위원장　아, 난 또 저한테 그러신 줄 알고. 이번 인물은 김구군요.

위원　그렇습니다. 김구 선생으로 말씀드릴 것 같으면…

위원장　위원님, 김구라면 삼척동자도 다 알죠. 임시정부를 가장 오랫동안 이끌며 독립운동을 했던 인물 아닙니까? 그런데 학교 오래

다녔다고 해서 공부 잘하는 거 아니잖아요? 김구로 뽑아야 하는 특별한 이유가 있나요?

추천 인물	**김구**
출생과 사망	1876년 황해도 해주에서 출생~1949년 서울 경교장에서 피살
주요 활약	임시정부를 이끌었고 독립운동과 통일정부 수립에 매진했음

위원 없습니다.

위원장 없다고요? 그럼 여기 왜 나오셨어요?

위원 무조건 그래야 하니까요. 무조건 김구로 해야 합니다! 다른 이유가 없습니다.

위원장 김구가 훌륭한 분인 건 알지만 그래도 무조건이라는 건 좀.

위원 위원장님, 10여 년 전에 10만 원권 화폐를 발행하려고 했던 거 아십니까?

위원장 모릅니다만.

위원 그때 이미 김구로 선정했습니다!

위원장 그래요? 그럼 왜 발행되지 않았나요?

위원 그럴 만한 사연이 있었죠. 10만 원권이라는 고액권이 발행되면 물가가 상승하고 뇌물로도 자주 쓰일지 모른다는 우려가 있었고, 또 일부 보수단체에서 반대해서 그랬다고 들었습니다.

새 지폐에는 나를 넣으시오

10만 원권 화폐 인물로 김구가 선정된 적이 있지만 반대 목소리가 있어 무산되었다. 사진은 《조선일보》 2019년 6월 8일 자 '10만 원권 못 나온 이유는?…"김구 초상 쓰는 것에 반대 있었기 때문"' 기사.

위원장　왜죠?

위원　대략 이런 이유에서였습니다. 김구는 독립운동이랍시고 폭탄이나 던지게 한 테러리스트다, 통일운동 한다고 북한 가서 김일성에게 이용만 당했다, 끝까지 대한민국 정부 수립에 반대한 인물이다, 이런 비판들이죠.

위원장　아, 그런 일이 있었군요. 하지만 그때 선정됐다고 해서 오늘

무조건 김구로 정할 의무는 없는 거잖아요. 이번 기회에 김구에 대해 더 자세히 살펴봐야 하지 않을까요?

이봉창, 윤봉길 의거 기획

위원 김구에 관해선 두말이 필요 없죠. 우리 독립운동사에서 그만한 인물이 있을까요? 그는 독립운동의 상징이자 통일운동의 신화를 창조한 분입니다. 김구는 자신의 업적뿐 아니라 앞서 소개한 거의 모든 후보와 연결돼 있다는 점에서도 충분히 주목받을 만합니다. 안중근 집에서 지낸 적이 있고, 여운형·이회영·신채호와는 임시정부에서 함께 활동했고, 김원봉과는 후반기 임시정부에서 양대 축을 이루었죠. 이승만과는 정치 라이벌이었고요. 때론 협력하고 경쟁하면서 함께 독립운동을 이끌었죠. 이처럼 독립운동의 구심점인 김구가 반드시 새 화폐 인물로 선정돼야 한다고 생각합니다.

위원장 알겠습니다. 김구 개인의 장점은 없나요? 일종의 개인기라고나 할까요?

위원 있죠. 리더십입니다. 일제 강점기 35년 동안 수많은 독립운동가가 조선, 중국, 러시아, 미국 등에서 만세 부르고, 던지고, 쏘고, 쓰고 했습니다. 구심점이 있었기에 이런 다양한 실천이 가능했습니다. 그 구심점이 임시정부이고 임시정부를 상징하는 인물이 김구죠. 김구는 임시정부를 가장 헌신적으로 그리고 마지막까지 이끌었습니다. 임시정부와 김구가 없었다면 우리 민족은 독립에 대한 희망을 품지 못하고 좌절하고 말았을 겁니다.

화폐 인물은 그 나라의 정체성을 드러내야 합니다. 지금 대한민국은 어디서 왔습니까? 일제 강점기 때 수립한 대한민국 임시정부에서 왔습니다. 그 임시정부를 마지막까지 이끈 인물이 바로 김구입니다. 우리가 자신 있게 자랑할 만한 독립운동가죠. 이런데도 김구가 선정되지 않으면 우리는 대한민국의 정체성을 부정하는 꼴이 될 겁니다. 김구가 어떻게 임시정부를 이끌어 왔는지 말씀드리죠.

1932년 5월 어느 날, 중국 상하이.

미국인 피치 목사의 부인이 집 이층으로 급히 뛰어올라 갑니다.

"선생님, 급해요. 얼른 피하셔야 합니다!"

부인의 말에 김구는 커튼을 살짝 열고 집 밖을 내다봅니다. 프랑스, 러시아, 중국 경찰과 밀정들로 보이는 사람들이 집 안을 살피며 서성대고 있었습니다. 부인이 김구 얼굴을 백인처럼 하얗게 화장을 해 주며 말합니다.

"저랑 부부로 위장해 빠져나가는 방법밖에 없습니다. 남편이 운전사 행세를 해 줄 거예요."

잠시 뒤 피치 목사가 운전하는 차가 집을 빠져나갑니다. 집을 감시하고 있던 사람들은 의심스런 눈으로 차 안을 살폈지만, 차 안엔 미국인처럼 보이는 부부만 있으니 그냥 보냅니다. 지금 무슨 상황이냐고요?

20일 전 벌어진 일 때문에 이러는 겁니다. 20일 전 날 아침 상하이의 모든 신문에 김구에 관한 기사가 대문짝만하게 실립니다.

임시정부 주석 김구, 윤봉길의 4월 29일 상하이 홍커우 공원 폭파 사건의 배후가 자신이라고 밝혀

윤봉길 의거를 기획한 사람이 김구였습니다. 김구는 일 년 전 일제의 수뇌와 장군들을 암살하기 위해 한인애국단을 조직했고, 1932년 1월 단원 이봉창이 일본으로 건너가 일왕이 탄 마차에 폭탄을 던집니다. 그러나 아쉽게도 폭탄은 터지지 않았고, 이봉창은 현장에서 체포돼 처형을 당했죠. 중국 신문들은 이봉창 의거가 '아쉽게' 실패했다는 기사를 내보냈고, 이에 분노한 일본이 상하이를 침공합니다. 이른바 '상하이 사변'이죠.

상하이 사변이 일어난 얼마 뒤 윤봉길이라는 청년이 김구를 찾아옵니다. 채소 장사를 하면서 독립운동의 기회를 엿보던 이였죠.

"선생님, 조국의 독립에 제 한 몸 바치고 싶습니다."

이봉창, 윤봉길 의거를 기획한 사람이 김구다. 일제는 윤봉길을 사형한 후 쓰레기 하치장 부근에 봉분도 없이 묻어 버렸다. 일본인들이 밟고 다니게 해 사후에도 모욕을 주려는 의도였다. 해방 후 김구 요청으로 박열을 비롯한 유해 발굴단이 조직돼 어렵게 유해를 찾아올 수 있었다. 사진은 유해 발굴단이 유골을 수습하는 장면.

윤봉길의 진심을 확인한 김구가 말합니다.

"4월 29일이 일왕 생일인 천장절이오. 그날 홍커우 공원에서 일제의 수뇌들이 모여 상하이 점령을 축하하는 기념식을 열 거란 정보가 입수됐소. 허나 지금 일제의 감시가 워낙 삼엄해 누구를 보내야 할지……."

김구의 말뜻을 알아챈 윤봉길은 자기가 하겠다고 나섰습니다. 김구는 지난번 이봉창 의거 때처럼 폭탄이 불발되지 않도록 하기 위해 여러 번 시험을 거쳐 완벽하게 도시락 폭탄을 준비했습니다.

마침내 4월 29일 아침, 윤봉길이 폭탄을 던집니다. 성공합니다. 시라카와 육군 대장 등 일본군 수뇌 여러 명이 목숨을 잃습니다.

일제는 윤봉길의 배후를 캐기 위해 안창호 등 독립운동가들을 체포하고 죄 없는 동포들도 잡아들이기 시작했습니다. 미국인 목사 피치의 집으로 피신해 있던 김구는 자기 때문에 동포들이 희생되는 걸 더는 보고 있을 수 없었습니다. 그래서 자신이 배후임을 밝힌 겁니다. 일제는 그럴 줄 알았다는 듯이 눈이 시뻘개져서 김구를 찾아 나섰고, 마침내 은신처를 눈치챈 거죠. 하지만 피치 목사 부부의 기지로 무사히 탈출하게 된 겁니다.

이 탈출 사건 이후 김구의 목에는 60만 원이라는 거액의 현상금이 걸렸고, 이 때문에 김구는 장장 13년간 숨어 다녀야 했습니다.

새 지폐에는 나를 넣으시오

임시정부의 상징

윤봉길 의거 이후 김구에게 찬사가 쏟아졌습니다. 중국 국민당의 실세 장제스는 100만 중국군이 하지 못한 일을 조선 청년이 해냈다며 임시정부를 적극 돕기 시작했고, 미국 동포들은 임시정부에 거액의 후원금을 보내 주었습니다. 독립운동에도 거세게 불이 붙었고요.

이런 상황이었기 때문에 탈출 사건 이후 김구가 한 일은 크게 두 가지였습니다. 하나는 기어이 살아남는 것이고, 다른 하나는 계속 임시정부를 이끌며 독립운동을 하는 것이었습니다. 상하이에서 탈출한 김구는 중국인의 도움으로 자싱이라는 곳으로 갑니다. 그곳은 호수가 발달한 수상 도시인데, 김구는 침대 밑 비상 탈출구로 1층에 내려가 바로 배를 타고 빠져나갈 수 있는 집에서 생활했습니다. 그마저도 위험해져 나중엔 뱃사공의 배에서 먹고 자는 생활을 이어 갔습니다.

일제의 추적은 집요했습니다. 그 넓은 중국 땅을 이 잡듯 뒤지며 감시망을 좁혀 왔습니다. 김구는 난징으로 가서 장제스를 만납니다. 난징군관학교에 조선인 반을 개설해서 우리 독립군을 훈련시켜 달라고 요청하죠. 장제스는 수락하고, 100여 명이 훈련받을 수 있게 해 줍니다.

임시정부의 마지막 주석 _ 김구

대한민국 임시정부 하면 떠오르는 곳이 상하이 임시정부이다. 그러나 임시정부는 1919년 처음 수립된 후 32년까지만 상하이에 자리 잡았고 이후로는 중국의 이곳저곳을 전전해야 했다. 항저우, 난징, 창사, 광저우, 구이양, 치장을 거쳐 40년 9월 충칭에 자리를 잡았다. 광복 후 귀국할 때까지 그곳에 위치했다. 사진은 충칭 청사.

그로부터 몇 년 뒤인 1937년, 일제가 중국 본토를 침공하며 중일 전쟁이 일어납니다. 난징도 더는 안전한 곳이 못 되자 김구는 중국이 임시수도로 삼은 충칭으로 임시정부를 옮깁니다. 충칭에서도 김구는 일본 경찰과 밀정의 추적 때문에 임시정부 청사를 네 번씩이나 옮겨야 했습니다.

이러한 고난 속에서도 1940년 한국광복군*을 창설해 일본에 선전포고를 합니다. 또한 장제스를 만나 미국과 영국이 대한민국 임시정부를 승인하도록 도와 달라고 하는 등 일본 패망과 독립 이후 대한민국 정부 수립을 위해 온 힘을 쏟습니다.

그러던 1945년 8월 15일. 국내진공작전을 준비 중인 광복군을 시찰하기 위해 시안에 갔던 김구는 그곳에서 일본이 항복했다는 소식을 듣습니다. 그 순간 하늘이 무너지는 기분이었을 것 같습니다. 몇 년간 애써 국내진공작전을 준비해 왔는데 허사가 돼 버렸으니까요. 김구는 해방된 지석 달쯤 지난 1945년 11월, 26년 만에 그리워하던 고국으로 돌아옵니다.

한국광복군 ━━━━
1940년 중국 충칭에서 창설된 임시정부의 군대. 연합군의 일원으로 일제를 타도하려는 데 목적을 두었다. 줄여서 광복군이라고 한다. 42년 김원봉이 이끄는 조선의용대가 광복군에 편입돼 조직이 확대되었다. 45년 미국 전략사무국(OSS)과 협약을 맺어 국내진공작전을 계획했다. 잠수함을 타고 한반도로 잠입해 일제 주요 기관을 파괴하려는 계획을 세웠으나 45년 8월 일제가 갑자기 항복하는 바람에 계획이 수포로 돌아갔다. 해방 뒤 대한민국 국군으로 편입되었다.

내분을 잠재우며 전진

위원장　파란만장한 김구의 생애와 임시정부 얘기 잘 들었습니다. 김구는 거의 위기 탈출 넘버 원 수준이군요. 대단합니다.

위원　더 대단한 건 귀국 당시 김구가 일흔에 가까운 노인이었다

김구는 한국광복군을 창설해 일제에 선전포고를 했다. 국내진공작전 준비 중 일제가 항복하는
바람에 계획을 이룰 순 없었다. 계획대로 흘러갔다면 우리 역사는 어떻게 달라졌을까. 사진은
한국광복군 대원들.

는 점입니다. 그런데도 일제의 추적을 피해 다니면서 임시정부를
끝내 이끌어 온 거죠. 그래서 김구를 '임시정부 지킴이', '임시정부
의 마지막 주석'이라고 합니다.

위원장　자료에 따르면 상하이 임시정부가 그다지 큰 역할을 하지

못했다고 하던데.

위원　그런 적도 있습니다. 민족주의자, 사회주의자, 무정부주의자 등 워낙 이념이 다양한 사람이 모여 있다 보니 내분이 잦았죠. 임시정부에 돈이 없어서 김구는 겨우겨우 집세를 마련해 내면서 임시정부를 이끌어 왔습니다. 그러다 윤봉길 의거를 계기로 임시정부는 많은 지지와 후원을 받게 되죠. 독립운동의 구심점이 되었고요.

위원장　그렇군요. 그럼 바로 〈이 사람이 궁금하다!〉 시작해 주시죠.

양반도 상놈도 없는
세상을 꿈꾸다

김구는 1876년 황해도 해주에서 태어났다.
어릴 적 김구는 집안 할아버지 때문에 큰 충격을 받는다.
집안 할아버지가 길을 가다가 동네 양반들에게 모욕당하는 광경을 본 것이다.
"양반도 아닌 주제에 갓을 써? 이런 고얀 놈 같으니라고."
그러더니 할아버지의 갓을 벗겨 내 찢고 짓밟았다.
김구 집안은 원래 양반이었으나 몰락한 지 오래되어 여느 평민보다 더 가난했다.
김구가 할아버지께 물었다.
"어떻게 해야 양반이 될 수 있나요?"
"과거에 합격해 벼슬을 하면 된단다."
그 뒤로 김구는 열심히 공부해서 과거를 보러 갔지만
부정이 난무하는 시험장을 보고는 더는 시험을 보지 않기로 결심한다.

202

양반도 상놈도 없는 세상이 있다고 했다.
김구는 하늘 아래에선 누구나 다 평등하다는 동학의 가르침에 매료되었다.
동학에 입교한 김구는 젊은 나이에 접주(동학 포교를 위해 지방마다 둔 포교소의 책임자)가 되고,
1894년 부패한 관리들을 처단하기 위해 동학교도와 농민들이 들고일어난
동학농민혁명에도 함께한다. 하지만 이 투쟁은 실패로 끝나고,
김구는 이 일로 강고한 체제의 벽을 새삼 다시 확인하게 된다.

관군에 쫓기는
김구에게 자기 집을 피신처로
제공한 사람이 있었는데, 바로
안중근의 아버지 안태훈이었어요.
이때 어린 안중근도 보게 되죠. 정말
운명적인 만남 아닌가요?

김구는 피신해 있는 동안
인생의 큰 스승도 만납니다.
유학자 고능선(高能善)이죠. 그를 통해
당시 조선이 처한 상황을 알고 앞으로
무엇을 해야 할지 등도 생각하게
되지요.

김구는 동학교도가 된 후 이름을 창수(昌洙)로 개명했다. 많은 사람을 동학에
입교시켜 '애기 접주'라는 별명을 얻었다. 사진은 혁명 실패 직후 동학군들과 피신했던 패엽사(貝葉寺).

"국모의 원수라 죽였다!"

이후 김구는 의병이 되어 활동을 벌이지만 뜻대로 잘되지 않아 귀향길에 오른다.
1896년 3월 황해도 안악군 치하포의 주막에서 하룻밤을 묵는데,
웬 수상한 자가 눈에 띄었다.
우리 옷을 입고 우리말을 쓰지만 아무리 봐도 일본인이었다.
게다가 허리춤엔 칼까지 차고 있지 않은가.
김구는 명성황후를 시해한 것에 대해 복수하고
나라의 수치를 씻겠다는 우국의 일념으로 그를 처단한다.
나중에 보니 그는 김구의 짐작대로 스치다라는 일본군이었다.

스치다를 죽인 후 김구는 주막 벽에 다음과 같은 포고문을 붙이고
집으로 돌아간다.

국모의 원한을 갚을 목적으로
이 왜놈을 죽였노라.
_ 해주 백운방 기동 김창수

약 석 달 후 김구는 체포되고, 사형을 선고받지만 탈옥에 성공한다.

김구는 일제의 명성황후 시해에 대한 복수로 치하포에서 일본군을 살해한다.
'치하포 사건'이다. 사진은 1895년 명성황후 장례식 장면.

교육계몽운동에 매진

탈옥 후 김구는 승려 생활을 하다 1년여 만에 환속해 나라를 위해
다시 활동하기 시작한다. 교육을 통해 민중을 계몽하는 데 힘썼고, 신민회에서도
활동한다. 국외에 독립운동 기지 건설을 위한 자금 모금 책임자로 함께한다.
그러다 1911년 **안악 사건**에 연루돼 또다시 수감된다.
옥중에서 김구는 독립에 대한 의지를 더욱 다졌고, 그 의미로 호를 '백범(白凡)'으로 바꾼다.
백정(白丁)과 범부(凡夫)도 애국심이 자기만 하기를 바라서였다.

안악 사건

1910년 안중근의 사촌동생 안명근이 만주에 무관학교를 설립하기 위해 황해도 안악 지역에서 군자금을 모으고 있었는데,
일제가 안명근을 붙잡아 사건을 조작한다. 데라우치 총독을 암살하려고도 군자금을 모은 거라면서 황해도 일대 독립운동가
160여 명을 체포한 것이다. 안악 사건을 '데라우치 암살 미수 사건'이라고도 하는 이유다. 이 사건으로 김구도 검거되는데,
15년 형을 선고받았다가 5년 만에 풀려난다.
안악 사건 조사 과정에서 신민회가 드러나 파장이 커진다. 일제는 신민회 관련자들을 대거 검거하고 그중 105인에게 유죄
판결을 내린다. 이 '105인 사건'으로 인해 결국 신민회는 해체되고 만다.

치하포 사건으로 수감되었을 당시 김구는 죄수들에게 글을 가르쳤다. 그때 일본인 몇을
죽이는 것보다 백성을 가르치는 일이 더 시급함을 깨닫는다. 탈옥 이후 교육계몽운동에
매진한 이유다. 사진은 교육계몽운동을 펼치던 1906년 당시의 김구(맨 뒷줄 맨 오른쪽)

임시정부의 수호자

출감 후에도 교육계몽운동, 농촌계몽운동을 벌이던 김구는
3·1운동 직후 상하이로 망명해 임시정부로 간다. 안창호에게 말했다.

"임시정부의 문지기를
시켜 주십시오."

안창호가 말했다.

"문지기라니요.
선생은 오래
감옥 생활을 해서
일본 경찰에 대해 잘 아실
테니 경무국장을 맡아
주시오."

1919년 9월 당시 임시정부 조직도

대통령
이승만

임시의정원 의장
손정도

국무총리
이동휘

참모국 참모
유동열

내무총장
이동녕

외무총장
박용만

재무총장
이시영

군무총장
노백린

법무총장
신규식

학무총장
김규식

교통총장
문창범

노동국총판
안창호

경무국장
김구

경무국장 김구는 밀정을 찾아내고 처단하면서
임시정부의 든든한 수호자가 되어 주었다.
5년 뒤에는 임시정부를 대표하는 **국무령**이 되었다.

이런 빠른 승진은 단지
김구의 능력이 뛰어나서만은 아니었다.
임시정부는 내분이 심해 누구도 선뜻 수장 자리를
맡으려 하지 않았기 때문이다.
김구는 광복이 되는 날까지 묵묵히
임시정부를 지켰다.

국무령

대한민국 임시정부 지도 체제의 하나. 초기에는 국무총리제였다가 대통령제로, 다시 국무령제로 바뀌었다. 이름만 다를
뿐 정부의 최고 직책인 점은 같다. 이승만이 임시정부 대통령에서 탄핵당한 1925년 이후 국무령제로 바뀌었는데, 이회영
과 함께 신흥무관학교를 세운 이상룡이 초대 국무령이 되었다. 이후 임시정부 최고 직책은 주석이 되었고, 해방이 될 때까
지 김구가 주석을 맡았다. 김구를 '임시정부의 마지막 주석'이라고 부르는 이유다.

삼팔선을 베고 쓰러질지언정
'단독정부'는 안 된다!

일제의 항복 후 26년 만에 돌아온 조국은
남북, 좌우로 나뉘어 혼돈의 도가니였다.
유엔은 한국인들이 자국을 이끌어 갈 능력이 부족하다고 판단해
신탁 통치안을 내놓는다. 김구는 펄쩍 뛰었다.
일제 35년도 지긋지긋한데 다시 다른 나라 지배를 받으라니!
김구는 이승만과 함께 신탁 통치 반대 운동을 이끌었다.
사람들은 다시 찬탁, 반탁으로 나뉘어 맹렬히 싸웠다.

그러는 사이 이승만은 남한만의 단독선거, 단독정부를 주장했다.
김구는 강하게 반대했다. 하지만 대세는 미군정을 등에 업은
단독정부 주장으로 기울고, 그만큼 자주독립과 통일정부 수립의 꿈은 멀어져만 갔다.

김구는 1948년 2월 절절한 마음을 담아
대국민 성명서 〈삼천만동포에게 읍고함〉을
발표한다.

**"마음의 삼팔선이 무너지고야 땅 위의
삼팔선도 철폐될 수 있다.** (…) 나는
통일된 조국을 건설하려다 삼팔선을 베고
쓰러질지언정 일신의 구차한 안일을 취하여
단독정부 세우는 데 협력하는 짓은 않겠다."

〈삼천만동포에게 읍고함〉을 실은
《독립신문》 48년 2월 13일 자 기사.
'삼팔선을 베고 쓰러질지언정
단독정부 수립에는 협력 않겠다 /
보라! 김구 주석의 피눈물로 맺힌 글을'이란
제목이 보인다.

덧없이 끝난 '마지막 독립운동'

1948년 4월 19일, 김구는 남북 협상을 위해
많은 사람의 반대를 뿌리치고 경교장을 나섰다.

"선생님, 가시면 안 됩니다. 빨갱이 김일성에게 이용만 당할 뿐입니다.
가시려거든 저희를 밟고 가십시오."

길을 막아서는 사람들 때문에 차에서 내린 김구는 경교장 2층으로 올라가 절규한다.

"나는 독립운동으로 나이 칠십이 넘었소. 내가 더 살면 얼마나 더 살겠습니까. **나에게
마지막 독립운동을 허락해 주십시오. 이대로 가면 한국은 분단되어 서로 피를 흘리게
됩니다.** 북한의 빨갱이도, 김일성도 다 우리와 같은 조상의 피와 뼈를 가졌습니다. 나는
이북의 동포들을 만나야 합니다. 그러니 나를 말리지 마십시오!"

김구의 북한행을 만류하려고
경교장 앞에 모인 학생들

김구는 어쩔 수 없이 뒷담을 넘어 대기시켜 놓은 차를 타고 북으로 향했다.
오후 늦게서야 삼팔선을 넘었다.

김구와 김규식은 북한의 김일성, 김두봉을 만나
남북 단독정부 수립에 반대한다는 것과, 미군과
소련군이 철수하더라도
내전을 치르지 않는다는 데 합의했다.

5월 5일 김구와 김규식은 회의 결과에 만족해하며 서울로 돌아왔고,
남북통일에 대한 희망을 담은 성명서를 발표했지만,
미군정은 이를 무시하고 5월 10일 남한만의 단독정부 수립을 위한 총선을 실시한다.

8월 15일 남한에는
대한민국이,
9월 9일 북한에는
북조선민주주의
인민공화국이
들어섬으로써
김구의
'마지막 독립운동'은
덧없이 끝나고 말았다.

자신은 민족을 위해
옳은 일을 하러 가는 것이니
방해하지 말아 달라고
호소하는 김구

동족에게 암살당하다

1949년 6월 26일 오전,
김구는 교회에 가려다 차가 고장 나 2층 집무실에서 잠시 책을 읽고 있었다.
계단을 올라오는 발자국 소리에 고개를 돌려 입구를 바라보았다.
아는 얼굴이었다. 전에 몇 번 본, 자기를 존경한다던 육군 소위 **안두희**.
김구가 무슨 말을 하려는 순간, 안 소위가 김구를 향해 방아쇠를 당겼다.

안두희
김구를 암살한 인물. 김구가 공산주의 운동에 가담해서 죽었다고 밝혔다. 하지만 암살의 진짜 이유와 그의 배후가 누구인지는 아직도 모른다. 그가 극우 테러 조직인 백의사 회원이란 사실은 널리 알려져 있다. 종신형을 선고받았다가 15년으로 감형되고, 6·25전쟁 때 형 집행정지로 풀려난 뒤 육군에 복귀했다. 하지만 이후의 생은 평탄치 못했다. 끊임없이 테러 위협에 시달리다 1996년 버스 기사 박기서가 휘두른 '정의봉'이라고 쓰인 몽둥이에 맞아 죽었다.

경교장으로 조문하러 온 시민들.
서울 종로에 있는 경교장은 김구가 1945년 11월부터 49년 6월 26일까지
사용했던 개인 저택이다. 임정 요인의 숙소로도 쓰였다.

평생을 조국의 독립과 통일을 위해 살았던
독립투사는 역설적이게도 동족의 손에
74세의 생을 마쳤다.
김구 서거 1년 뒤 한반도는
그가 우려하면서 예견했던 대로
동족상잔의 비극을 겪는다.

김구 장례식은 국민장으로 치러졌다. 경교장에 다녀간 조문객만 120여 만 명이었고, 건물 안으로 들어가지 못한 문상객도 많았다. 장례식 날에는 40~50만의 인파가 몰려들었고, 다른 도시에서도 많은 이가 모여 고인을 애도했다. 적어도 이날만은 모두 한마음이 되었다. 김구의 평생 바람이 잠시나마 이루어진 셈이다.

반탁 지지로 통일의 '걸림돌' 비판도

위원장 발표 잘 들었습니다. 일생을 독립운동과 통일운동에 헌신한 김구를 화폐 인물로 선정해야 한다는 말씀이지요?

위원 그렇습니다. 김구는 오늘날 정치가들이 가장 존경하는 인물이자 국민에게도 가장 존경받는 분입니다. 뭐 더 살펴볼 것도 없습니다.

위원장 10년 전 화폐 인물로 선정됐을 때 일부 보수단체의 반대로 무산됐다고 하셨는데, 그 점이 다시 문제가 되지 않을까요?

위원 그분들, 김구가 "테러리스트"라고 했죠. 일본인들이나 하는 말을 되뇌다니요. 그런 말은 들을 가치도 없다고 봅니다.

위원장 그런가요? 좋습니다. 그건 그렇고요, 김구는 통일운동의 상징으로 알려져 있지만 되레 해방 후 임시 통일정부를 세우는 데 방해가 되었다고 지적하는 학자도 있던데, 어떻게 생각하시나요?

위원 그게 무슨 말씀이신지…….

위원장 해방되던 해 12월 소련의 수도 모스크바에서 미국, 영국, 소련 외무 장관들이 모여서 한반도를 어떻게 할지 회의를 했죠.

위원 알고 있습니다. '모스크바 3상회의'라고 하죠.

위원장 네, 맞습니다. 그 회의에서 결정된 사안이 크게 세 가지입니다. 첫 번째, 한반도에 완전한 독립국가를 세우기 위해 민주적인 임

우리 국민 대부분이 김구와 안중근을 우리나라 독립운동의 상징처럼 여긴 것이 사실이다. 사진은 1995년 광복 50주년 기념으로 발행한 주화로, 5천 원 주화에는 김구, 1만 원 주화에는 안중근의 모습이 새겨 있다.

시정부를 세운다. 두 번째, 미국과 소련의 도움 아래 민주적인 정당과 사회단체가 참여하여 어떻게 민주정부를 세울지 토의한다. 세 번째, 연합국에 의해 5년 내로 신탁 통치를 실시한다, 이겁니다.

그런데 이튿날 《동아일보》가 역사적인 오보를 내죠. 미국은 즉시 독립, 소련은 신탁 통치를 주장했다고요. 그러니까 남쪽에서 난리가 납니다. 일제 35년도 지겨워 죽겠는데, 또 무슨 신탁 통치냐! 이러면서 신탁 통치 반대 운동이 거세게 일어나죠.

임시정부의 마지막 주석 _ 김구

모스크바 3상회의의 결과를 최초 보도한 《동아일보》 1945년 12월 27일 자 기사. '소련은
신탁통치주의, 소련의 구실은 삼팔선분할점령, 미국은 즉시독립주의'란 제목이 보인다. 오보였다.
하지만 기사가 정정된 이후에도 반탁 흐름을 바꿀 순 없었다.

그런데 모스크바 3상회의의 핵심은 신탁 통치가 아니라 '민주적
인 통일정부'를 세우자는 것이었습니다. 《동아일보》가 오보를 냈다
는 걸 알게 된 후에도 김구는 신탁 통치 반대 운동, 즉 반탁 운동의
선봉에 섭니다.

위원 맞습니다. 물론 완전한 독립을 위한 민주정부 수립이 회의

의 핵심 내용인 건 맞지만, 신탁 통치*를 실시하겠다는 것도 사실이지 않습니까. 한평생 일제의 통치를 받은 국민으로선 5년이든 5개월이든 도저히 받아들일 수 없었을 겁니다. 김구도 마찬가지고요. 그래서 반탁 운동을 벌인 것이죠.

위원장 좋습니다. 그런데 당시에 분단을 극복하고 민주적인 통일 정부를 세우고 싶었다면 미국과 소련이 제시한 대로 갔어야 한다고 주장하는 학자가 많습니다. 신탁 통치는 우리가 받지 않겠다고 하면 안 받을 수도 있는 문제였는데, 무조건 반탁 운동에 매진해서 좌

신탁 통치

2차 대전 후 세계 평화를 위해 유엔이 창립된다. 신탁 통치란 유엔의 신탁을 받은 국가가, 일정한 지역이 스스로 통치할 능력을 갖출 때까지 대신 통치해 주는 제도를 말한다.

2차 대전 기간에 연합국은 카이로, 얄타, 포츠담 회담 등을 계속 열었지만 유럽과 아시아 지역 전후 처리 문제에 대해 합의하지 못했다. 그 이유는 30년간의 신탁 통치를 주장한 미국의 제안에 소련과 영국이 반대했기 때문이다. 그러다 마침내 1945년 12월 모스크바에서 개최된 미국, 영국, 소련 3국의 외무 장관 회의에서 합의가 이루어진다. 한국 문제만 보면, 한국에 임시 민주정부를 수립하고 이 정부와 연합국이 협의해 최장 5년간의 신탁 통치를 실시할 수 있다는 내용이다. 소련이 미국 제안을 수정해 낸 안인데, 미국이 수락하면서 합의에 이를 수 있었다.

그런데 모스크바 3상회의 결과를 최초 보도한 《동아일보》가 정반대에 가까운 오보를 낸다. 미국은 한국의 즉각 독립을, 소련은 신탁 통치를 주장했다는 것이다. 당시 《동아일보》는 미국의 군사 전문 일간지인 《성조기│Stars and Stripes》 태평양판 보도 내용을 전달한 합동통신(1945년에 설립된 대한민국의 옛 뉴스통신사. 1980년 현재의 연합통신에 흡수됐다)의 기사를 그대로 이용해 문제가 생긴 것이다. 1946년 1월 소련의 국영 통신사인 타스통신이 한국 문제 결정 내용을 정확하고 상세하게 보도했지만, 오보가 만들어 낸 거대한 반탁 흐름을 바꾸어 놓을 수는 없었다.

사람들은 이제 막 35년간의 일제 통치에서 벗어났는데 또 누군가의 지배를 받아야 한다는 보도에 격노했다. 그리고 김구와 임시정부가 중심이 되어 각계 대표자의 회합이 열리고 이튿날 바로 신탁 통치 반대 국민총동원위원회가 결성되었다. 반탁 운동이 본격적으로 전개되기 시작한 것이다. 특히 김구와 임시정부는 매우 강경한 태도로 반탁 운동을 주도했다.

임시정부의 마지막 주석 _ 김구

김구는 통일의 상징으로 추앙받는 동시에 통일을 가로막은 인물로 비판도 받고 있다. 반탁에 매진해 통일정부를 세울 수 있는 골든 아워를 놓쳐 버린 게 아니냐는 지적이다. 사진은 1948년 4월 19일 남북 협상을 위해 북으로 가는 길에 삼팔선에서 찍은 것.

우가 손쓸 수 없을 정도로 대립하고 말았잖아요. 반탁 운동의 중심에 김구와 이승만이 있었습니다. 좌우 대립을 해소하고 통일정부를 수립하기 위해 앞장서야 할 지도자가 반탁 운동에 매달려 좌우가 더 극심하게 갈등하도록 부추겼고, 통일정부 수립을 더 어렵게 만들었단 지적이죠. 김구는 반탁 운동에 매진하느라 1946년부터 47년까지라는, 통일정부를 세울 수 있는 골든 아워를 놓쳐 버린 거죠.

위원 이러니저러니 해도 한 가지는 확실합니다. 그가 분단을 막기 위해 노구를 이끌고 북으로 가 김일성을 만났고 통일정부 수립을 논의했다는 사실입니다.

위원장 알겠습니다. 이 정도로 발표 마치는 게 좋겠습니다. 지금까지 화폐 인물 선정 심의 회의를 지켜봐 주신 국민 여러분 그리고 해외에 계신 동포 여러분께 깊은 감사의 말씀을 드립니다. 이제 최종 토론 결과와 온라인 투표 집계를 반영해 선정하도록 하겠습니다.

임시정부의 마지막 주석 _ 김구

그들도 기억할 것

위원장　위원님들, 감사합니다. 이것으로 여덟 후보 모두를 살펴봤는데요, 얘기를 들을수록 누구로 선정해야 할지 더 어려워지는군요. 그럼에도 위원님들과 최종 토론을 거쳐 선정해야겠죠.

그 전에 한 가지 속보를 말씀드리겠습니다. 청문회가 진행되는 동안 많은 분이 저에게 공통된 의견을 하나 보내왔습니다. 이 자리에 유관순이 빠지면 "팥 없는 찐빵이요. 오아시스 없는 사막이다", 뭐 이런 의견을 주셨는데, 전적으로 동의합니다.

여러 번 말씀드렸지만, 대한민국은 대한민국 임시정부로부터 왔고, 대한민국 임시정부는 3·1운동으로 수립되었습니다. 그토록 중요한 의미가 있는 3·1운동의 상징적인 인물이 누구입니까? 유관순이죠!

시간이 제한된 관계로 유관순에 대해선 핵심 내용만 말씀드리겠습니다. 유관순은 어린 나이인데도 아우내장터 만세 시위를 이끌었습니다. 그 시위 때 아버지와 어머니를 잃었고 본인은 서대문 형무소에 투옥되었지요. 옥중에서도 유관순은 만세 운동을 주도합니다. 그러다 결국 모진 고문을 받아 숨지죠. 그러므로 유관순도 새 화폐 인물 후보에 올려야 하는 게 아닐까 하는 생각이 듭니다. 따라서 본 회의에서는 앞서 발표한 여덟 분에 유관순까지 더해 모두 아홉 명을 후보로 올려놓겠습니다.

어떻습니까? 누구로 할지 마음속으로 정하셨나요? 위원님들끼리 더 얘기를 나누는 동안 여러분은 누구로 하면 좋을지 온라인 투표를 해 주시기 바랍니다.

그리고 마지막으로 한 말씀만 드릴까 합니다. 안중근, 김구, 김원봉 등 지금까지 논의한 분들은 누구로 정해도 어느 하나 불만을 품지 않을 만큼 훌륭합니다. 하지만 잊지 말아야 할 것이 있죠. 과연 일제 강점기에 독립운동을 한 분이 이분들뿐일까요? 3·1운동 현장에서, 총탄이 빗발치는 청산리 계곡에서, 일본 밀정이 깔린 상하이 거리에서, 산 채로 생체 실험을 당하던 731부대에서, 강풍이 몰아치는 만주 벌판에서, 오로지 조국의 독립을 위해 싸우다 죽어 간 수천수만의 이름 없는 이도 기억해야 할 것입니다. 이들 모두 새 화폐의 주인공이 되기에 충분하니까요.

눈치 빠른 독자들은 알아채셨겠지만 이번 심의는 단지 새 화폐 인물로 누가 가장 적당한지를 논의하려는 자리가 아닙니다. 여러 독립운동가의 삶을 돌아보면서 독립운동이 현재의 우리에게 어떤 의미가 있는지를 생각해 보려는 데 근본 목적이 있습니다. 독립운동가분들은 지금의 우리를 있게 한 분들이자 우리를 내일로 이어 준 주인공들입니다. 여전히 세상엔 강대국이 존재합니다. 이런 현실에서 목숨 걸고 독립을 위해 싸웠던 그분들의 정신을 기억했으면 하는 바람에서 이번 자리가 마련되었음을 알려 드립니다.

새 지폐에는 나를 넣으시오

안중근   여운형   김원봉

홍범도   이회영   이승만

신채호   김구   유관순

김마리아   강주룡   박진홍

이 책에 소개된 독립운동가에 대해 더 알고 싶다면 아래 책과 영화, 웹툰을 참고하세요.

책

《안중근 재판정 참관기》(2015) #안중근

1909년 하얼빈에서 일본 초대 총리이자 대한제국 통감이었던 이토 히로부미를 암살한 안중근 의사의 재판 기록을 재구성한 책입니다. 1910년 2월 7일부터 2월 14일까지 8일 동안 열린 여섯 번의 재판을 통해 안중근의 삶과 사상을 엿볼 수 있습니다.

《백범일지》(2002) #김구

백범 김구의 자서전. 1947년 출간된 이래 한국인의 필독서가 되었죠. 26년간 대한민국 임시정부를 이끌어 온 김구의 위대한 삶을 고스란히 드러내 주는 책입니다.

암살(2015) #김원봉 #이회영

1930년대 일제 강점기가 배경이고, 일제 요인을 암살하려는 여러 독립운동가의 활약을 보여 줍니다. 배우 조승우가 김원봉 역을 맡았죠. 조진웅이 연기한 속사포란 가상의 인물은 신흥무관학교 출신으로 나오는데, 이회영이 만든 독립군 양성 학교가 바로 그곳입니다.

밀정(2016) #김원봉

이 영화 역시 1920년대 일제 강점기가 배경인데요, 의열단 이야기를 다루고 있습니다. 여기선 배우 이병헌이 김원봉으로 나오죠. 조선인 출신 일본 경찰(송강호)과 의열단원(공유) 사이의 갈등을 보여 줍니다.

대장 김창수(2017) #김구

김구의 청년 시절을 보여 주는 영화입니다. 배우 조진웅이 김구를 맡아 열연하지요.

봉오동 전투(2019) #홍범도

1920년 6월, 독립군이 처음으로 일본군을 크게 물리친 봉오동 전투를 그린 영화입니다. 배우 최민식이 홍범도 장군으로 나오는데요, 홍범도가 이끈 독립군 연합부대의 활약도 함께 볼 수 있습니다.

웹툰

〈독립의 방법〉(2020) #여운형

여운형의 일생을 중심으로 독립운동의 역사를 알려 주는 웹툰입니다. EBS에서 만든 〈독립운동가 웹툰〉 시리즈 가운데 하나로, 최훈 작가가 총 20화로 그렸습니다. 무료로 볼 수 있습니다.

〈혁명의 이름으로〉(2019) #신채호

신채호의 삶과 정신을 보여 주는 웹툰입니다. 김광성 작가가 총 24화로 그렸습니다. 다음 웹툰에서 볼 수 있습니다.